P. THOMAS HÄBERLE OSB

RATEN UND RETTEN

P. THOMAS HÄBERLE OSB

RATEN UND RETTEN

Eine Rückschau
nach Jahren praktischer Erfahrung

VERITAS-VERLAG   LINZ – WIEN

Wichtiger Hinweis

Immer wieder erhalten wir Anfragen, wo man die in den beiden Büchern „Helfen und Heilen" und „Raten und Retten", verfaßt von P. Häberle, angegebenen Medikamente erhält. Wenn die eigene Apotheke die Besorgung dieser Medikamente verweigert, schreiben Sie an:

Apotheke PIZ OT,
CH-7503 Samaden GR.

Die oben angeführte Apotheke hat sich bereit erklärt, die in den beiden Büchern angegebenen Medikamente auch in das Ausland zu senden. Es ist dabei aber zu beachten, daß bei Bestellung dieser Medikamente im Ausland das Zollamt die Vorlage einer Unbedenklichkeitsbescheinigung der zuständigen Landessanitätsbehörde verlangt. Man erhält diese Bescheinigung zumeist sehr rasch. Die Bestätigung gilt aber auch schon für kleinste Mengen eines Medikamentes.

Wir erhalten immer wieder aus dem In- und Ausland Anfragen zu den beiden Büchern von Herrn P. Häberle. Wir ersuchen, solchen Anfragen unbedingt einen Internationalen Antwortschein beizulegen, der in jedem Postamt erhältlich ist. Die Kosten für die Briefe in das Ausland sind so hoch, daß nur Briefe beantwortet werden können, bei denen das Rückporto in Form eines Internationalen Antwortscheines mitgeschickt wird.

Ihr Veritas-Verlag

© Veritas-Verlag Linz; alle Rechte vorbehalten
Gedruckt in Österreich; 7. Auflage/82: 36.–40. Tausend
Druck: OÖ. Landesverlag Linz

ISBN 3-85329-302-6

Inhaltsverzeichnis

Vorwort

Meine bescheidene Schrift „Helfen und Heilen" fand nach den ersten zaghaften Gehversuchen eine unerwartet gute Aufnahme und damit auch Eingang in viele Familien und ist dort ein beliebter Ratgeber geworden. Damit könnte man die Sache auf sich beruhen lassen. Doch hat es sich anhand der gemachten Erfahrungen gezeigt, daß immer wieder Ergänzungen und Verbesserungen angebracht werden müssen. Dies ist begreiflich, denn wo hat ein Mensch je zu lernen aufgehört? Und wo könnte ein gewöhnlicher Mensch für sich Unfehlbarkeit beanspruchen? Des weiteren bekomme ich ständig Anfragen, wie dies und jenes gemeint sei, was ich in der ersten Schrift niedergelegt habe, und es müßte das eine oder andere genauer und eingehender behandelt werden. Diesen berechtigten Wünschen konnte ich mich nicht verschließen, und ich prüfte die Möglichkeit einer Neubearbeitung.

Als ich aber die Weite der notwendigen Ergänzungen, Verbesserungen und Präzisierungen überschaute, reifte in mir der Plan, meine Schrift nicht nochmals grundlegend umzuarbeiten, sondern eine zweite Schrift zu verfassen, die den allgemeinen Wünschen entgegenkommt und in manchem als Kommentar zur ersten Schrift betrachtet werden darf. Dieser zweite Band liegt nun als Frucht einer zwanzigjährigen Erfahrung gedruckt vor. Möge dieser dieselbe gute Aufnahme finden wie „Helfen und Heilen".

Eines möchte ich aber im voraus betonen: Man wird im zweiten Band nicht der Reihe nach übersichtlich angeführte Rezepte finden; vielmehr soll der Leser und Ratsuchende sich in meine Ausführungen hineinlesen, sich diese aneignen und dann selber das für ihn Richtige herausfinden.

P. Thomas Häberle OSB

Erinnerungen

Freundliche Leser meiner beiden Schriften haben mir gelegentlich zu verstehen gegeben, daß sie gern etwas mehr aus meiner Jugendzeit erfahren möchten, Erlebnisse von meiner Mutter her, die auf mich bestimmend einwirkten und mir den künftigen Weg wiesen.

Auch diesem Wunsch entspreche ich gern, und ich tue es in dankbarer Erinnerung an meine Mutter selig, die schon viele Jahre in der Ewigkeit weilt.

Ich sehe sie noch heute lebhaft vor mir, die stattliche, großgewachsene Frau mit den großen dunklen Augen und dem schwarzen Haar, wie sie, wenn wir ein Weh hatten, mit einer braunglasierten Schüssel, aus der ein Holzspatel schaute, und mit einem Tuch auf dem Arm herkam, auf das Tuch den mit Essig und Wasser angerührten Lehmbrei strich und ihn auf die erkrankte Stelle drückte. Am Morgen gab es dann freilich ein Wehgeschrei, wenn der mit den Haaren verklebte harte Lehmbrei entfernt werden mußte. – Heute sage ich den Leuten, sie sollten erst auf die Haut Gaze legen und dann den Lehmbrei auftragen, so daß er wieder leicht und schmerzlos entfernt werden kann. – Zum Lehmbrei aus Heilerde möchte ich bemerken, daß er in vielen Fällen noch stärker wirkt als das Kabisblatt und sogar dort Erfolge zeigte, wo das Kabisblatt nicht mehr half.

Meine Mutter erzählte mir einmal die Geschichte von einem Mann, dem über ein Drittel der Haut verbrannt war. Bei einer solchen Verbrennung war der Tod sicher. Man habe nun im Garten ein tiefes Loch ausgehoben, den Mann bis zum Hals hineingesteckt und das Loch mit gesunder Erde aufgefüllt. Bald habe sich die neue Haut gebildet gehabt, und der Mann sei gerettet gewesen. – Und stach uns einmal eine Biene oder eine Wespe, so legte sie feuchte Erde auf, und bald war der Schaden behoben.

Oder sie erzählte von einem 13jährigen Buben, der schon monatelang starke rheumatische Schmerzen hatte. Man habe ihm zwei Tassen Holunderblütentee zu trinken gegeben. Zwei Stunden sei der Bub in einem richtigen Delirium gewesen. Dann mußte er Wasser lassen, und das Wasser gerann zu einem weißen Klumpen, und fortan habe der Bub nie mehr Rheuma verspürt.

Eine Erinnerung läßt mich aus einem ganz besonderen Grund nie mehr los. Wir hatten in unserer Pfarrei einen sehr eifrigen Pfarrhelfer gehabt, Doktor der Theologie und Neffe eines Generalvikars. Er war ein freundlicher, gütiger Mann, war aber immer ernst. Die Mutter sagte, er sei magenkrank und bedürfe der Schonung, und darum gehe er nie in Gesellschaft. Dieser Geistliche machte auf mich immer einen besonderen Eindruck, und ohne zu wissen warum, fühlte ich mich zu ihm hingezogen. An einem Sonntagmorgen, bald nach meinem ersten Weißen Sonntag – ich war damals elf Jahre alt und wurde meist in die Frühmesse geschickt, weil ich den Vormittag über Konditoreiwaren auszutragen hatte –, las er wieder die hl. Messe. Ich kniete eben an der Kommunionbank. Sonnenlicht erfüllte den Chorraum, und Glanz lag auf dem Altar, und wie der Geistliche, ganz in das österliche Weiß gekleidet, so würdig das hl. Sakrament spendete, erwachte in mir blitzhaft der Gedanke, es müsse doch etwas Schönes sein, als Priester des Amtes walten zu dürfen. Und wenige Tage danach fragte mich am Abend die Mutter, als sie eben das eine Schaufenster unseres Ladens richtete und ich neben ihr stand und zuschaute: „Bub, was möchtest du eigentlich werden?" Da antwortete ich ohne langes Besinnen: „Ich möchte Geistlicher werden." Die Mutter meinte darauf: „Daran denk gar nicht! Da müßtest du ein viel braverer Bub sein, als du es bist!" Ich war der festen Überzeugung, daß dies so sei, und dachte dann nicht mehr daran.

Darüber verging ein halbes Jahr. Eines Tages ging die Nachricht durch die Stadt: „Der Pfarrhelfer ist an einer Magenoperation gestorben." Wie es damals noch Brauch war, versammelten sich alle Schulkinder im Pfarrsaal, wo der verstorbene Priester aufgebahrt war, um den Rosenkranz zu beten. Er lag friedlich da, in Violett gekleidet, und was mir dabei auffiel, mit offenen Augen. – Als ich dann nach Hause kam, sagte die Mutter: „Man hätte nicht operieren müssen. Die Geschwüre wären nach Auflegen von Leinsamensäcklein sicher aufgebrochen, und das Leben des Priesters wäre gerettet gewesen." – „**Man hätte nicht operieren müssen**", dieser Satz ließ mich nicht mehr los. – Nun aber zurück zu alltäglicheren Dingen!

ALLGEMEINES

Da ich annehmen darf, daß hin und wieder auch ein Arzt meine beiden Schriften zur Hand nimmt, vielleicht aus reiner Neugierde oder auch, daß er wirklich einen nützlichen Hinweis zur Kenntnis nehmen möchte, will ich eingangs etwas über die Komplexität, das Ineinandergreifen verschiedener Krankheitsursachen sagen. Es ist schließlich erwiesen, daß des öfteren ein Ratschlag meinerseits helfen konnte, wo die Kunst der Ärzte offensichtlich versagte. Es kommt ja nicht darauf an, w e r geholfen hat, sondern d a ß geholfen werden konnte. Dies ist doch das Ziel aller ärztlichen Kunst, daß Kranke wieder gesund werden. Die Schulmedizin hat vieles für sich, aber nicht alles. Wenn nun ein Heilmittel half, das außerhalb der Erfahrungen der Schulmedizin liegt, warum soll es der Arzt verwerfen? Er sollte sich doch in aller Bescheidenheit sagen: „Wenn ein Heilmittel in verzweifelten Fällen half, warum soll ich es selber nicht anwenden? Das tut meiner Ehre keinen Abbruch. Im Gegenteil: es stärkt das Vertrauen meiner Patienten." – Was meine persönliche Einstellung betrifft, möchte ich meine Erkenntnisse nicht eigensüchtig für mich bewahren, sondern anderen neidlos mitteilen, wie auch sie leidenden Mitmenschen wirksam helfen können. Dies allein ist Dienst an der Wahrheit und verantwortbar vor Gott.

Überspezialisierung der heutigen Medizin

Ich möchte also vor allem hinweisen auf die Komplexität der Krankheitsfälle. Man kann nicht einfach sagen: „Dieses und jenes Organ ist krank; was muß getan werden, daß es wieder funktionstüchtig wird?" Sondern: „Wo liegt die Quelle des Übels?" Dies ist nur möglich mittels der **Gesamtheitsmethode.** Das will sagen: Es muß sorgfältig erforscht werden, welches Organ oder welche Organe die Krankheit eigentlich verursachen.

Hier rühren wir aber an einen wunden Punkt der modernen Medizin. Bezeichnenderweise fand ich vor nicht sehr langer Zeit in den schweizerischen Tageszeitungen eine Bemerkung, die wohl für einen großen Teil der gesamteuropäischen und nordamerikanischen Medizin Gültigkeit hat: Wir brauchten etwa 85 Prozent Allgemeinärzte und 15 Prozent Spezialisten. In Wirklichkeit haben wir aber bereits 60 Prozent Spezialisten und 40 Prozent Allgemeinärzte.

Was ist die Folge dieser Überspezialisierung? In vielen Fällen wird nicht mehr nach der eigentlichen Ursache einer Krankheit gefragt, sondern einfach das erkrankte Organ mit irgendeinem medizinischen Präparat oder mit einem chirurgischen Eingriff bedacht. Die weitere Folge ist dann vielleicht eine vorübergehende Besserung, der Herd der Krankheit ist aber nicht erfaßt; und so geht das Leiden weiter. Hier kommt mir unwillkürlich ein Ausspruch des deutschen Philosophen Langbehn, des einst berühmten Rembrandtdeutschen, in den Sinn: „Gott ist ein Universalist, der Teufel ein Spezialist." Freilich möchte ich damit nicht den wahren Spezialisten nahetreten, muß ich doch selber staunen, wie sie unheilbar scheinenden Krankheiten beikommen. Was ich bemängeln möchte, ist die Tatsache des heutigen Spezialistentums als solchem, und da sind die Klagen vieler heutiger Kranker berechtigt, die es satt haben, von Spezialisten zu Spezialisten gejagt zu werden, um am Schluß doch keine Heilung zu finden.

Komplexität der Krankheiten – konkrete Beispiele

Ich will nun versuchen, möglichst typische und konkrete Beispiele von Krankheitsbildern darzustellen und so gültige Hinweise auf eine gründliche und bleibende Heilung vorzulegen. Dies sind meine Erfahrungswerte, für die ich ständig Bestätigungen meiner Beobachtungen und der daraus erfolgten Ratschläge erhalte. Als Grundregel meines Vorgehens gilt: 1. Die Gesamtdiagnose des erkrankten Menschen stellen und 2. nachfolgend dann die entsprechenden Schlüsse ziehen.

Darum muß ich erneut und eindringlich mahnen, daß man „sauber" pendle. Es geht nicht an, einfach rasch ein Organ anzupendeln. Erst muß man das Pendel auf die zu untersuchende Person einstellen und dann sich die Mühe nehmen, nach dem bewährten Schema den ganzen Menschen durchzugehen, wie ich es in „Helfen und Heilen" beschrieben habe. Sonst könnte es eine schwere Fehldiagnose geben. Ebenso soll der Pendler in aller Ruhe und ohne Hetze arbeiten können. Gerade darum ist neben dem Telefon nicht der richtige Ort zum Pendeln. Und die Leute, die bei sich pendeln lassen, sollen während der Untersuchung möglichst schweigen und den Pendler nicht durch ständiges Fragen und Dreinreden stören.

Führen wir nun erst den konkreten Fall eines 28jährigen Mannes namens Severin an: Severin sind Beine und Hände gefühllos geworden. Diese Krankheit wird mit einem eigenen Namen bedacht, und sie findet sich sehr selten. Die Aussichten für Severin sind düster: Er muß mit einer vollständigen Lähmung rechnen. Severin hat starke Kreuzschmerzen und zusehends Mühe beim Gehen.

Severin zeigt mir das Resultat der vorangegangenen ärztlichen Untersuchung. Darauf nehme ich unabhängig von diesen Feststellungen meinen Pendeltest vor: Ich stelle neben starkem Harnsäurebefall erhöhte Blutsenkung, Leukozythenüberschuß und Vitaminmangel fest, ebenso das Vorhandensein von Toxinen. Der Herd der Vergiftung liegt in der linken Brustseite, wo sich ein an und für sich nicht bösartiger Tumor gebildet hat. Dieser Tumor ist eingebettet in eine Fistel, in der eine Zyste liegt, welche die eigentliche Ursache der Vergiftung darstellt. Diese Infektion verursacht auch Blutzucker, der aber in keiner direkten Beziehung zur Bauchspeicheldrüse steht. – Die rechte Brustseite weist einen ähnlichen Befund auf, aber ohne eigentliche Vergiftung. Nun ist mir klar, weshalb die Hände steif und gefühllos werden: Es ist Gicht. Auch die beiden Schultergelenke sind gichtig. Woher aber die heftigen Kreuzschmerzen? Ich stelle neben schlechter Nierentätigkeit Nierensteine fest. Überdies sind die Bandscheiben des 4. und 5. Lendenwirbels degeneriert. Letzteres Übel rührt von Spreizfüßen her, zu deren Behandlung Severin noch keine Fußstütze trägt. Die Nierensteine aber haben sich bilden können wegen des Vorhandenseins von Fisteln und Zysten rechts und links im Becken. Die Steifheit und der Muskelschwund des linken Beines aber rühren zusätzlich her von einem sogenannten Schenkelbruch (Hernia femoralis; siehe Seite 37). – Entsprechend der Gesamtheitsmethode müßte zu einer Heilung des Patienten zu den Krankheitsherden vorgedrungen werden; einer Operation gäbe ich keine Erfolgsaussichten.

Hier nun ein zweiter Fall von Komplexität, wo bereits geholfen werden konnte. – Frau Helga ist um die fünfzig. Sie hat den linken Fuß gebrochen, aber es will sich kein Kallus bilden. Also nimmt der Arzt eine Operation vor und versteift die Sehne. Frau Helga kann nur noch mit Mühe gehen. Aber die vorgenommene Operation zeigt keinen Erfolg. Der Arzt setzt eine Frist von drei Monaten. Wenn bis dort der Knochen nicht zusammenwachse, gäbe es eine zweite Operation. Man fragt mich um Rat. Ich stelle im linken Becken eine Fistel mit einer Zyste fest. Drei Monate lang muß nachts auf die linke Hüfte bis zur Wirbelsäule Kabisblatt aufgelegt und am Morgen drei Minuten kräftig mit Olivenöl einmassiert werden. Nach drei Monaten hat sich der Kallus normal gebildet, und der Arzt kann von einer zweiten Operation absehen.

Dies ist wieder der Erfolg der Gesamtheitsmethode: Die Infektion im linken Becken, wahrscheinlich von einer Bauchfellentzündung herrührend, verhinderte den Zufluß gesunden Blutes zur Bruchstelle im Fuß und unterband somit die normale Kallusbildung. Einen dritten Fall erfolgreicher Gesamtdiagnose habe ich in „Helfen und Heilen" geschildert. Es betraf den Mann mit dem anscheinend unheilbaren Knochenabbau, dem noch ein Jahr Gnadenfrist gegeben worden war und der heute, nach zehn Jahren, noch gesund und munter lebt (vgl. Seite 20, „Helfen und Heilen").

SPEZIELLE KRANKHEITEN

Depressionen
Ich beschränke mich nicht nur auf eigentliche Depressionen oder depressive Verstimmungen, sondern behandle auch Gebiete, die indirekt mit ihnen im Zusammenhang stehen oder dieselbe Wurzel haben. Da war Johann, ein junger, vierundzwanzigjähriger, lediger Mann. Er litt unter schwersten Depressionen: Er ging bedrückt umher, hatte etwas wie einen Stein auf der Brust, war müde, freudlos und bar jeder Lebenslust. Ständig war er von Todesahnungen begleitet und sah alles in einem düsteren Licht. Er mochte weder sprechen noch lachen. Er war allzeit dem Weinen nahe und wußte nicht warum. Die Behandlung durch den Nervenarzt brachte keinen sichtbaren Erfolg. Die Sache wurde mit der Zeit so schlimm, daß Johann kaum mehr einen richtigen Satz aussprechen konnte.

Man hatte Johann schon die Mandeln entfernt. Nun bekam er auch Eiterzähne. Der Zahnarzt betrachtete das schöne, gesunde Gebiß und sagte: „Nein, diese schönen Zähne auszureißen bringe ich nicht übers Herz. Gehen Sie einmal zum Pater!" Johann kam. Er bot ein Bild des Jammers, und ich ließ ihn erst das Herz ausschütten. Dann nahm ich das Pendel und durchging der Reihe nach alle Organe. Ob des Resultates war ich selber deprimiert. Ich erkannte bald, woher die Eiterzähne rührten: Johann litt an Infektionen der Schultern und der beiden Brustseiten. Ebenso waren Leber und Nieren angeschlagen und der ganze Unterleib wie auch die Brust voller Giftstoffe. Ich gab den jungen Mann aber nicht auf, riet überall Kabisblattauflagen nachts und am Morgen kräftige Massagen mit Olivenöl, verschrieb Nieren- und Brusttee und Haarlemeröl sowie viel Haferflocken. Die beiden Kiefer waren täglich kräftig mit Olivenöl einzumassieren. Nach sieben Monaten war Johann wieder ein lebensfroher Mann. Auch die Zähne mußten nicht gerissen werden, und Johann konnte seinen Beruf wieder ungehindert ausüben.

Blutdruck

Bei depressiven Leuten ist oft der Blutdruck zu niedrig. Dies ist eine Folge der inneren Infektionen. Hier ist mir ein Fall passiert, den ich als Warnung nennen möchte. Es handelt sich um Walter, der mit mir in der ersten Primarklasse noch auf der gleichen Schulbank gesessen war. Ich sehe ihn heute noch vor mir, wie er mit scharf gespitztem Griffel, jeweils die Backen aufblähend, auf die schwarze Schiefertafel Schriftzeichen einritzte. – Er war an die 60 Jahre alt geworden und bat mich um Hilfe gegen seine schrecklichen Depressionen. Die Krankheit ließ sich in einer dreimonatigen Kur beheben, und er schrieb mir einen bewegten Dankesbrief. Hätte ich damals nur gewußt, was bald darauf geschah! Ein Jahr darauf erhielt ich Walters Todesanzeige. Er war plötzlich auf dem

Bahnsteig zusammengebrochen – Herzschlag! – Heute kontrolliere ich nicht nur den Blutdruck in seiner augenblicklichen Höhe und lasse mich nicht mehr von einem Scheinresultat täuschen. Mag auch der Blutdruck verhältnismäßig tief sein – ich kontrolliere immer auch den 8. und 9. Brustwirbel. Sind diese beiden Wirbel eng beisammen oder verklemmt, was bei gedrungenen Figuren gar nicht so selten vorkommt und sich im Alter häufig durch Knochenverkalkungen verhängnisvoll auswirken kann, dann muß alles zu ihrer Lockerung getan werden. Olivenöl einmassieren und Streckübungen machen, täglich oder mindestens jeden zweiten Tag!

Da war eine Frau, 55 Jahre alt. Sie stand in ständigem Kampf gegen den erhöhten Blutdruck. Der Arzt verschrieb blutdrucksenkende Pillen. Sie halfen etwas. Die Frau vertrug diese Medikamente nicht gut. Auch das Olivenöl half eigentlich wenig, ebenso die täglichen Haferflocken. Ich wies die Frau an einen Chiropraktiker mit dem Erfolg, daß der Blutdruck doch allgemach zurückging.

Wie will man folgendes erklären? Frau Magdalene zählt bereits 72 Lenze. Steht sie auf und verrichtet ihre Hausarbeiten, dann ist ihr Blutdruck annähernd normal, legt sie sich aber zu Bett, klettert der Blutdruck sofort auf eine beängstigende Höhe. Meiner Meinung nach hat die Frau eine Wirbelverklemmung. Solange sie aufrecht steht und geht, wirkt sich dieselbe nicht aus, beim seitlichen Liegen aber werden die Wirbel zusammengedrückt, und die Folge ist der erhöhte Blutdruck.

Es fällt mir immer wieder auf, wie oft noch jüngere, in den besten Jahren stehende Frauen plötzlich Schlaganfälle erleiden, welche sie in Todesgefahr bringen. Wo ich nachprüfen konnte, war die Ursache fast immer in verklemmten Rückenwirbeln zu suchen. – Das Messen des Blutdrucks allein ist sicher notwendig, ist aber nicht immer das Entscheidende. Das Resultat kann täuschen wie bei meinem Schulkameraden Walter. Man merke sich den betreffenden Fall!

Fieberschübe

Erwin war Schüler der 5. Primarklasse. Zwei Jahre lang hatte er heftige Fieberschübe, bis zu 39 Grad Celsius, und diese Fieberschübe wiederholten sich wöchentlich zwei- bis dreimal. Die Folge war, daß Erwin nicht in die Volksschule gehen konnte und die Eltern einen Privatlehrer anstellen mußten.

Die Ärzte stellten fest: Es konnte sich nur um eine Infektion handeln, welche die Fieberschübe auslöste. Aber wo lag der Herd? Man fragte mich, ob ich den Herd feststellen könne. Ich fand ihn auf der linken Brustseite, unter dem Arm durch nach hinten. Zwei Monate lang legte die Mutter nun dem Buben Kabisblatt auf und rieb am Morgen zwei bis drei Minuten kräftig mit Olivenöl ein. Dazu gab sie dem Buben täglich zwei bis drei Tassen Brusttee (Erkältungstee) und eine gehörige Portion Haferflokken. Und siehe da: Die Fieberschübe wiederholten sich immer weniger, und in zwei Monaten war Erwin vollständig geheilt und besuchte wieder normal die Volksschule.

Frau Mira war 69 Jahre alt. Sie lag mit starken Fieberanfällen im Spital. Da sie Schmerzen auf der rechten Seite nach hinten spürte, dachten die Ärzte an eine Lebervergiftung. War es vielleicht noch mehr? Sogar Leberkrebs? Man wurde sich nicht klar und dachte bereits an einen Leberschnitt. Mein Pendel gab wohl eine Infektion der ganzen rechten Seite an, aber der Herd lag nicht in der Leber, sondern außerhalb, der Leber anliegend. Als das Fieber allgemach zurückging und die Frau nach Hause gebracht wurde, riet ich zu kräftigen Olivenölmassagen an der besagten Stelle. Der Erfolg blieb nicht aus: Frau Mira begab sich nach zwei Monaten bereits wieder auf eine größere Ferienreise und spürt seither keine Komplikationen mehr.

Bernarda, zwölf Jahre alt, war der schwierigste Fall. Das Mädchen hatte ständig Fieber und Temperaturen um 38 bis 39 Grad Celsius, war aber jeden Tag auf und ging meist auch zur Schule. Die Ärzte standen vor einem Rätsel. Tuberkulose war es nicht. Wo lag aber der Herd? Ich stellte eine anorganische Vergiftung neben dem Hals links an der Schulter fest. Kabisblatt und Olivenöl hatten soviel wie keine Wirkung. Nach drei bis vier Monaten war einzig das Fieber auf 37,5 Grad Celsius zurückgegangen. Nach monatelangem, vergeblichem Experimentieren half dann nächtliches Auflegen von essigsaurem Tonerdebrei. Nach Wochen erst ging die Temperatur auf den normalen Stand zurück. Heute ist Bernarda wieder gesund und munter.

In diesem Zusmmenhang muß ich auch etwas vom Kabisblatt sagen. Vor allem holt man es nicht in der Apotheke, sondern beim Bauern, Gärtner oder Gemüsehändler! In der Schweiz sagen wir Kabis, Weißkabis oder Blaukabis. Camille Droz nennt als besonders wirksam den Wirsing (Krauskohl). Anderswo spricht man vom Krautblatt, weil man von den Kabisköpfen das begehrte Sauerkraut bereitet. Somit sollte man sich jetzt im klaren sein, und man soll wissen, daß nur frische Blätter die Wirkung tun.

Ob man auch tiefgefrorenes Krautblatt verwenden dürfe? Natürlich! Hat es auch nicht die volle Zugkraft wie die mächtigen „Krautplätschen", wie die Tiroler sagen, so wirkt es doch auch. Auf diese Weise kann man das ganze Jahr die Kabiswickel machen! – In „Helfen und Heilen" habe ich vermerkt, daß man auch ausgepreßtes, feuchtes Sauerkraut auflegen könne, falls man keine Kabisblätter bekommt. Sauerkraut hat sogar eine stärkere Wirkung als das gewöhnliche Kabisblatt; nur ist der begleitende Geruch noch unangenehmer als beim Kabisblatt. Indes, um die Gesundheit wieder zu erlangen, soll man nicht zu heikel sein. Heute hat man außerdem die Möglichkeit, mittels verschiedener Parfums den Geruch des Kabisblattes weithin zu neutralisieren.

24

Harnsäure im Blut

Jeder Mensch hat Harnsäure im Blut. Das ist normal. Zu Komplikationen kommt es nur, wenn sie überschüssig wird. Indes: Sehr viele Menschen leiden an überschüssiger Harnsäure. Was die Harnsäure in ihrem Wesen ist, kann man in den „Doktorbüchern" selber nachlesen. Uns interessiert vor allem, zu welchen Erkrankungen überschüssige Harnsäure führen kann. Es ist ein sehr wichtiges Kapitel.

Gicht (Arthrose)

Überschüssige Harnsäure führt zu Gicht (Arthrose), Schuppenflechten, Haarausfall, zu Nierensteinen und auch zur Hautkrankheit Zellulitis, von der besonders der französische Naturarzt Messegué spricht.

Was muß man gegen all diese Krankheiten tun? In diesem Zusammenhang ein Beispiel aus meiner Heimat: Da war ein Wildbach, der bei jedem Unwetter anschwoll, ungeheure Wassermassen zu Tal führte, Geröll, Geschiebe und entwurzelte Stämme mitführte. Fast jedes Jahr verursachte er unermeßliche Schäden, und es kam im Unterlauf zu schweren Überschwemmungen. Man beschloß, das Bachbett zu verbreitern und dem wildgewordenen Bach so Raum zu verschaffen. Es nützte nicht viel, denn der Bach riß die Wehre weg und trat wieder über die Ufer. Es besserte sich erst, als man den Anfängen des Baches am Berg droben zu Leibe rückte und Sicherungen und Verbauungen vornahm. Jetzt war die Kraft des Wildbachs gebrochen, und fortan blieb das Land vor seinen Ausbrüchen verschont.

Was sagt uns dieses Beispiel? Jemand hat Gicht. Die Gelenke schwellen an und verursachen fürchterliche Schmerzen. Hände und Füße beginnen sich zu deformieren, es bilden sich Gichtknoten. Die Gelenke versteifen sich und werden unbeweglich. Der arme Gichtkranke findet auch keinen Schlaf mehr, so sehr plagen ihn die Schmerzen. Was tut man da? Man geht zum Arzt, läßt sich Spritzen und Tabletten geben und macht dazu vielleicht auch eine Badekur. Etwas hilft es wohl, aber das Übel will nicht weichen. Warum nicht? Weil man, entsprechend dem Wildbach, nur die Auswirkungen bekämpfte und am falschen Ort arbeitete, statt bis zur Quelle des Übels vorzudringen!

Man merke sich diese wesentliche Feststellung: **Gichtbefall an Schultern und Händen hat sozusagen immer die Ursache in Infektionen der Schultern selbst und der Brust, während Gicht an Hüften, Knien und Füßen von Unterleibsinfektionen ausgeht.**

Gelegentlich erhalte ich Anfragen, was unternommen werden müsse, wenn der Arzt Arthrose feststelle; ich hätte darüber nichts in meiner Schrift vermerkt. In einem solchen Fall wende man das gleiche an, was bei Gicht angeraten wird.

Nierensteine bilden sich fast immer aus Bauchinfektionen und müssen von dorther bekämpft werden.

Wie beginnt die Gicht? Erst mit dem Einschlafen von Händen und Füßen, mit einem verdächtigen Kribbeln, mit einem „toten Gefühl". Zuerst befällt es die Sehnen, dann packt es die Gelenke. Woher stammt die gefürchtete Gicht? Sie geht aus von Infektionen und Stauungen des lymphatischen Systems. (Hierzu lese man nach, was in „Helfen und Heilen" darüber geschrieben steht!) Daraus bildet sich überschüssige Harnsäure. Besonders anfällig für Gicht sind Leute, deren Gallentätigkeit zu wünschen übrig läßt. Das heutige viele Sitzen, die Angst vor jeder größeren körperlichen Anstrengung und die verflixte Idee, man müsse für den kleinsten Gang schon das Auto nehmen und könne ihn nicht mehr zu Fuß bewältigen, leisten der Gicht starken Vorschub. Das weitere tut eine unvernünftige, zu fettreiche Ernährung und übermäßiger und ständiger Alkoholkonsum. Normalerweise treten Gichtschübe vermehrt auf nach Festessen und Trinkgelagen!

Wie kann es außerdem zu einem Überschuß an Harnsäure im Blut kommen? Da hat z. B. jemand eine starke Grippe oder eine Brustfell- und Lungenreizung oder -entzündung. Es kann dasselbe auch beim Bauchfell sein. Es bilden sich in der Folge Zysten und Fisteln, oft auch ungefährliche Tumore, ungefährlich insofern, als sie nicht krebsartiger Natur sind. Es kann sich auch Brust- und Bauchwasser bilden. Viele Herzbeschwerden rühren von solchen Dingen her. Es ist selbstverständlich, daß man bei derartigen Beschwerden des Herzens und der Atemwege (Asthma) nicht einfach das Herz behandelt oder Inhalationen zu Hilfe nimmt, sondern dem Übel an der Wurzel zu Leibe rückt: Man zieht das Wasser ab und bekämpft all das, was das Herz drückt und die Atmung erschwert.

Statt dessen setzt die klinische Behandlung mit den sogenannten Antibiotika ein, um den von den Infektionen bedingten Leukozytenüberschuß zu bekämpfen. Die Stoffwechselprodukte lebender Bakterien, Pilze und höherer Pflanzen sind nämlich imstande, das Wachstum der infizierten Mikroben zu hemmen. Dazu senkt der Arzt das Fieber mit Zäpfchen. Die Folge ist dann, daß das Fieber weicht, die Giftstoffe aber im Leib bleiben! Gegen die daraus entstehende bleierne Müdigkeit werden mit mehr oder weniger Erfolg Vitaminpräparate genommen. Die Müdigkeit wird wohl zeitweise abnehmen, aber der Organismus ist jetzt voller Harnsäure, und diese setzt sich besonders im Bewegungsapparat ab: Hände, Füße, Schultern, Hüfte.

Folgen von Antibiotika und fiebersenkenden Mitteln

Die Folgen dieser symptomatischen Behandlung treten mehr und mehr in Erscheinung. Außer dem Gichtbefall der Gelenke beginnt nun auch das Hautjucken. Es kommt zu schweren Ausschlägen, die Haut verhärtet sich, Flechten treten auf, ganze Schuppenfelder bedecken die Haut – wir haben die gefürchteten und als unheilbar geltenden Schuppenflechten. Damit verbunden ist meist auch ein starker Haarausfall; oder es bilden sich Nierensteine, die schwere Koliken und unerträgliche Schmerzen verursachen. Außerdem schwitzt der Patient auch abnormal, besonders nachts, und wird dabei auch immer müder und gegen alle Wettereinflüsse immer anfälliger.

Wenn ich von Fehlbehandlungen mit fiebersenkenden Zäpfchen und Antibiotika spreche, kommen mir immer zwei Kinder in den Sinn. Ruedl war sechsjährig. Er hatte aufgeschwollene Hände und Arme und in allen Gelenken unerträgliche Schmerzen. Die Anfälle wurden so stark, daß man Ruedl nicht einmal mehr in den Kindergarten gehen lassen konnte. Ständig erhielt das Kind Spritzen und Zäpfchen und Pillen, aber es half nicht. Man gab der Krankheit des Kindes sogar einen eigenen Namen. – Ich stellte starken Harnsäurebefall fest.

Die Infektionsquellen hatte ich festgestellt. Es ging nun darum, in einem langwierigen Heilprozeß mit Auflagen von Kabisblatt, Waschungen mit Kamille oder Kleie, daß die Haut sich nicht weiter entzündete, und mit Massagen von Olivenöl die Infektionsherde in den Griff zu bekommen. Innerlich mußten Tees nachhelfen. Ich fragte mich aber, warum es so weit kommen konnte? Die Eltern gaben zu, daß das Kind starke Antirheuma-Medikamente erhalten habe, regelmäßig Vitaminstöße und Antibiotika. Wahrscheinlich habe eine Schutzimpfung, die für das Kind zu stark war, das Leiden ausgelöst.

Symptomatisch für eine Falschbehandlung mit Cortison und Antibiotika ist der vierjährige Beat. Bis zum ersten Lebensjahr war Beat ein vollständig gesundes Büblein. Da entzündeten sich die Mandeln, es gab Fieber, und der Leidensweg des Kindes begann: Infolge der Behandlung mit Cortison schwollen die Händlein an, bildeten sich an den Fingergelenken Knoten, und die Finger wurden steif. Die Ärmlein blieben dünn und mager und überzogen sich ganz mit Flechten. Die Füßlein brachen auf und eiterten. Die Muskulatur der Beine schwand. Die beiden Knie bildeten große, unförmige Klumpen. Beat konnte weder stehen noch gehen. Der ganze Leib war mit Flechten überzogen. Beat konnte auch nicht schlafen und kratzte sich die Haut wund. Die Ärzte gaben dem Kind noch Lebensaussicht für ein Jahr. Nun ist der kleine Beat auf gutem Wege zur Besserung, und wir hoffen, ihn mit Zeit und Geduld wieder lebenstüchtig zu machen. Die Flechten sind verschwunden. Die Arme haben bereits wieder eine normale Behaarung, und Beat kann einen Bleistift halten und führen. So dürfen wir hoffen, daß dem schwer leidenden Kind bleibend geholfen werden kann; aber es braucht Geduld, Geduld ... Ich habe festgestellt, daß die Heilsalben, die auf die kranke Haut des Kindes aufgetragen wurden, sicher in Ordnung waren. Sie konnten aber nicht dauernd helfen, weil das Übel nicht an der Wurzel gefaßt wurde. Gicht, Schuppenflechten, Haarausfall müssen von innen her kuriert werden, sonst ist alle Mühe vergeblich.

Nebenerscheinungen bei der Gichtbekämpfung

Jemand hat Gicht. Er legt nachts Kabisblätter auf, macht am Morgen Massagen mit Olivenöl und nimmt auch regelmäßig Bäder. Nun stellt er fest, daß die Schmerzen sich nicht verringern, sondern zunehmen. Auch scheint ihm, die gichtbefallenen Gelenke schwellen noch mehr an. Darum hört er zutiefst enttäuscht mit der begonnenen Kur auf. Das ist aber das Ungeschickteste, was er tun konnte. Denn der Heilprozeß hat bereits eingesetzt. Durch die vermehrte Blutzufuhr und die Einwirkung des Olivenöles weichen sich die Harnsäurekristalle auf. Durch das Aufquellen vermehren sich zuerst die Schmerzen. Das ist eine ganz normale Reaktion. Sie kann mehrere Wochen andauern. Dann beginnt sich langsam die gute Wirkung zu zeigen: Die Harnsäure baut sich ab, die Gelenke werden wieder beweglich, und entsprechend weichen auch die quälenden Schmerzen. Wer also Gicht kurieren will, muß mit diesen Nebenerscheinungen rechnen, und der Schluß daraus heißt: Geduld bewahren und sich durchbeißen! Was rate ich regelmäßig als innere Anwendung an? Da die Gicht ihre tiefsten Ursachen in Schultern, Brust und Unterleib hat, finde ich es für richtig, daß man innerlich Lunge, Bronchien und Brust- und Bauchfell reinigt. Am Morgen eine Tasse ungezuckerten Brennesseltee, noch nüchtern, mittags und abends eine Tasse Erkältungstee und tagsüber mehrere Teelöffelchen Spitzwegerichsirup oder sonst ein katarrhlösendes Naturprodukt. Produkte, die Salizyl enthalten, lehne ich ab, weil sie dem Gehör schaden, wie auch mit Codein angereicherte Heilmittel.

Nierensteine

Frau Angelika hatte heftige Kreuzschmerzen, und mit der Zeit stellten sich auch regelrechte Koliken ein. Der Arzt diagnostizierte richtig: Nierensteine! Hier begann nun die Diskussion: Muß operiert werden? Operieren soll man nur, wenn es keine andere Möglichkeit mehr gibt. Selbstverständlich halte ich in solchen Fällen niemand von einer Operation ab. Das wäre unverantwortlich dem Kranken gegenüber und meinerseits eine verhängnisvolle Überheblichkeit. Ich könnte den Tod des Kranken auf dem Gewissen haben oder zumindest an einem Dauerschaden die Schuld tragen. – Aber im Falle Angelikas war es nicht so schlimm. Wiederum riet ich, auf beide Hüften bis zur Wirbelsäule nächtlich Kabisblatt aufzulegen und am Morgen kräftige Massagen mit Olivenöl zu machen. Dann mußte auch das Kreuz täglich drei Minuten lang gehörig mit Olivenöl einmassiert werden. Innerlich blieben zwei Möglichkeiten, die sowohl für Nieren- wie Gallensteine gelten mögen: entweder täglich drei große Tassen ungezuckerten, warmen Brennesseltee und abends vor dem Schlafengehen eine Kapsel Haarlemeröl oder drei große Tassen Brennnesseltee mit einer kleinen Tasse Stechpalmentee gemischt. Beide Tees müssen aber gesondert bereitet werden, weil Brennesseln bloß angebrüht, Stechpalme aber gekocht werden muß. Dann erst mischt man sechs Teile Brennnesseltee mit einem Teil Stechpalmentee. Diesen Tee trinkt man den Tag durch schluckweise und warm, auf keinen Fall tassenweise. Denn es gilt zu bedenken, daß ein Übermaß von Stechpalmen zeitweilig das Herz angreifen kann.

Welcher von beiden Behandlungsarten gebe ich nun den Vorzug? Stelle ich Cholesterin im Blut fest, mögen Brennesseltee und Haarlemeröl gute Erfolge zeigen. Ist aber nicht ein Überschuß an Cholesterin die Ursache der Leiden, sondern sind es Oxal- und Bilirubinsteine, entscheide ich mich für die Mischung von Brennessel- und Stechplamentee. Überdies ist die Stechpalme auch stark wasserlösend und -treibend. Grundsätzlich gäbe ich eher der Stechpalme den Vorzug, sie ist immer wirksam. Nur gibt sie in der Anwendung mehr Arbeit. Letztlich aber lasse ich das Pendel entscheiden.

Es gilt auch hier, was von allen Medikamenten gelten muß, seien es nun Heilkräuter oder chemische Produkte: Jeder Mensch ist ein Wesen für sich und bedarf darum, soweit dies möglich ist, einer subjektiven Behandlung. Man darf nie alles über einen Leisten schlagen. Jeder Patient, der mich um Rat fragt, ist für mich ein unbeschriebenes Blatt, und erst wenn ich ihn gründlich geprüft habe, wage ich diese oder jene Behandlung anzuraten.

Ein Kapitel für sich sind ja die berühmten Allergien, wo ein Mensch gewisse Pflanzen oder Früchte bei Berührung oder nur im Zimmer nicht verträgt. Warum dies so ist, vermag ich auch nicht zu sagen, habe aber in einzelnen Fällen festgestellt, daß Kopfblutungen wesentlich mitspielen können. Man lese Weiteres darüber auf den Seiten 51–55.

Sicher ist jedes Geschöpf, sei es Mensch, Pflanze oder Tier, voller Geheimnisse. Wir Menschen sehen ihr Äußeres. Gott allein, der sie erschaffen hat, kennt sie durch und durch. Nur wenige Menschen haben die Gnade erhalten, auf den ersten Blick ein Wesen zu durchschauen, vielleicht mit dem bloßen Druck der Hände bereits die Krankheit feststellen zu können. Ich muß immer wieder Ratfragende darauf hinweisen, daß ich diese Gabe nicht habe, sondern nur mit der Anwendung des Pendels arbeiten muß. Man erwarte also von mir keine Wunder!

Ebenso ist es mir höchst peinlich, wenn Leute meinen, ich sei ein Wundertäter. Ich habe die Heilgabe in keiner Weise. Das wird der Patient auch merken, wenn er zwei bis drei Monate lang sich abplagen muß mit Kabisblattauflagen und Olivenölmassagen! Der Heilende ist dann der Patient selber. Man merke sich das gut!

Bei Frau Angelika war die Sache also bald in Ordnung. Sie trank das Gemisch von Brennessel- und Stechpalmentee, und als sie nach drei Monaten zur Kontrolle beim Arzt erschien, waren die Nierensteine vollständig abgegangen, die Harnkanäle frei und sogar die Beine wieder abgeschwollen. In vielen Fällen sind geschwollene Beine und Füße ja nur die Folge von verstopften Harnwegen. Es bedarf also durchaus nicht immer einer Operation. –

Von einem Fall weiß ich, wo ein junger Mann bereits eine schwere Nierenoperation über sich ergehen lassen mußte. Die Sache hielt ein halbes Jahr; da setzten wieder die schmerzhaften Koliken ein. Diesmal folgte er meinem Rat, und mit der obgenannten Behandlung lösten sich auch die Nierensteine von selber. Eine zweite Operation hätte er wahrscheinlich kaum mehr überstanden oder nur mit bleibenden Nachteilen.

Man soll die Dosierung des Brennessel-Stechpalmen-Tees genau einhalten. Herr Willy war 70 Jahre alt. Ich gab ihm das Rezept für Gallen- und Nierensteine. Nach zwei Wochen telefonierte er mir erbost, ich hätte ihn beinahe umgebracht, solche Schmerzen und Koliken hätte er gekriegt! Ich zog mein Pendel rasch hervor, prüfte und ließ ihn weiter schimpfen: Ich schmunzelte – bereits waren die Gallensteine abgegangen! In der Folge gab mir Herr Willy dann zu, daß er den Tee halb und halb gemischt und zugleich tassenweise getrunken habe. – Ein Mensch ist eben kein großkalibriger Vierbeiner, der stärkere Dosierungen ganz leicht erträgt, wie etwa jene Kuh, die nicht mehr fraß und keine Milch mehr gab, ein höchstprämiiertes Tier. Der Tierarzt sprach bereits von Notschlachtung. Ich verschrieb zwei Liter Brennnesseltee und zwei Liter Stechpalmentee gemischt. In kurzer Zeit fraß das Tier wieder und gab normal Milch. – Mensch und Tier sind zwei ganz verschiedene Geschöpfe, und ich distanziere mich ob der gemachten Erfahrung auch immer mehr von einer naiv-gläubigen Evolutionslehre, die alles wie von selber sich entwikkeln und zu immer höheren Lebensformen aufsteigen läßt. Ich wünschte manchmal, daß die Lehrer der Evolution mindestens ein halbes Jahr in einem Viehstall arbeiten müßten. Vielleicht kämen sie zu umstürzenden Erkenntnissen! Bei jeder sogenannten Entwicklung, bei jedem Aufstieg eines Wesens zu einer höheren Ordnung, liegt ein „Werde" Gottes zugrunde. – Die Mondflüge sind sehr problematisch, aber ein Gutes hatten sie: Der große Prophet der Evolution ist ad absurdum geführt. Er meinte nämlich und beschrieb das sehr dichterisch, daß bei genügendem Alter, also der Reife der Materie, das Leben wie ein Pfeil aus ihrem Schoße schieße. Wenn Mond und Erde gleichaltrig sein sollen, warum gibt es dann auf dem Mond keine Spur von Leben . . .?

Leistenbrüche – Schenkelbrüche – Gebärmuttersenkungen

Ist ein Leistenbruch festgestellt, ist er noch nicht eingeklemmt und wird während der Behandlungszeit die richtige Schonung beachtet, kann er eigentlich leicht und ohne Operation beseitigt werden.

Man reibe von den Lenden her den Leisten nach hinunter täglich drei Minuten kräftig Olivenöl ein und trockne nachher ab. Das führe man zwei Monate täglich aus. Zur Sicherheit kann man eine Zeitlang noch jeden zweiten Tag einmassieren.

Wenn Kinder oder Erwachsene über Leibschmerzen klagen, sollte man die Möglichkeit eines Bruches nie außer acht lassen. Natürlich muß nach der Heilung darauf aufmerksam gemacht werden, daß man Vernunft walten läßt und seine Kräfte nicht überschätzt.

Viel peinlicher als der Leistenbruch ist der sogenannte Schenkelbruch (Hernia femoralis). Da er gar nicht so selten vorkommt, bei Frauen noch mehr als bei Männern, will ich ihn nicht unerwähnt lassen. – Durch gewalttätiges Reißen oder Heben oder anderweitiges Strapazieren kann es plötzlich zuunterst im Unterleib krachen, und Muskulatur und Sehnen reißen. Es muß zu Beginn nicht einmal mit größeren Schmerzen verbunden sein, doch bald zeigen sich die Folgen: Der Bauch wird aufgetrieben, es herrscht meist ein ständiger Urindrang, und je nach der Lage des Bruches ziehen sich rechts oder links Lähmungen bis zur Kniekehle hin. Eine noch jüngere Frau mußte deswegen mit Krücken gehen, ebenso ein Schulknabe. Ein älterer, keineswegs zu Fettansatz neigender Mann mit schmalem Gesicht und feingegliederten Händen hatte einen hochaufgetriebenen Unterleib. Er litt unter ständigen Blähungen, hatte immerfort Urindrang, wobei der Urin hell wie Brunnenwasser abging, und schleppte die Beine nach wie ein überforderter Mensch nach einer Bergtour. Die Ärzte waren ratlos. Der Mann hatte den Unterleib eng eingebunden, und dementsprechend spürte er auch einen starken Druck auf die Atmungsorgane.

Ein Vater kam mit seinem 13jährigen Buben Viktor zu mir. Der Bub habe immer Schmerzen im Unterleib, und er beginne nun auch zu hinken. Der Arzt stelle aber nichts Besonderes fest. Ich stellte mit dem Pendel einen beidseitigen Schenkelbruch fest und sagte es auch offen heraus, der Bub überfordere sich wahrscheinlich mit Turnen und Sport. Da fuhr es dem Vater heraus: „Jetzt hört es dann mit deiner Vorturnerei und mit deinem Ehrgeiz, überall der Erste und Schnellste sein zu wollen, auf!"

Wie kommt man aber einem Schenkelbruch bei? Sofern er noch nicht zu weit fortgeschritten ist, massiert man erst von den Lenden her den Leisten nach hinunter wie bei einem gewöhnlichen Leistenbruch. Dann aber massiert man weiter rechts und links in den Schritt und von dort nach hinten, dem Oberschenkel nach bis zur Kniekehle. Dann trocknet man nach dreiminütiger Massage ab. Diese Behandlung erfordert aber mindestens zwei bis drei Monate täglich, dann noch längere Zeit jeden zweiten Tag Massagen. Hier ist dann besondere Vorsicht vonnöten, weil die Risse leicht wieder aufbrechen könnten.

Sehr unangenehm für Frauen sind Gebärmuttersenkungen. Da kommt Frau Jolanda und klagt: „Ich muß nieren- oder blasenkrank sein. Ich habe alle Mühe, den Urin zu halten. Schon bei der kleinsten Bewegung hab ich Harndrang, etwa, wenn es in Gesellschaft ein Gelächter gibt und ich herzlich mitlache, oder wenn ich eine Straße hinuntergehe; es ist einfach furchtbar. Der Urin ist weiß wie Wasser. Wissen Sie mir einen Rat?"

Was soll Frau Jolanda tun? Diese Schwäche der Bauchmuskulatur behebt sie am besten, wenn sie täglich erst eine bis zwei Minuten von den Lenden der Wirbelsäule zu Olivenöl kräftig einmassiert, dann zwei Minuten von den Lenden her den Leisten zu wie bei einem Leistenbruch. In ein bis zwei Monaten hat sich die Bauchmuskulatur wieder erholt, und die Beschwerden verschwinden allgemach. Nur heißt es natürlich auch hier: Vernünftig sein und Schonung üben!

Was darf man werdenden Müttern raten, damit die Geburt leichter vonstatten geht? Sie massieren in der gleichen Weise von den Lenden her nach hinten und dann den Leisten nach hinunter. Dies schadet dem Kind in keiner Weise!

So werden die Bänder elastisch, und die Geburt geht meist ohne Komplikationen vor sich.

Muß denn immer gleich operiert werden? Ich habe einmal mit einem bekannten Frauenarzt darüber gesprochen. In den allermeisten Fällen bringen die Massagen mit Olivenöl den gleichen Erfolg wie eine Operation. Überdies kann die Mutter die Hausarbeiten während der sehr einfachen Kur selber weiterführen, und Mann und Kinder sind damit von einer großen Sorge befreit. Warum also unnötigerweise einen chirurgischen Eingriff vornehmen? Die Ärzte sollten doch froh sein, wenn sie bei ihrer ständigen Überlastung nicht über Gebühr in Anspruch genommen werden, und die Patienten müssen keine Neben- und Nachwirkungen einer Operation in Kauf nehmen. – Ich sage nichts, wenn es nicht anders geht, aber wo es nicht notwendig ist, lasse man doch die Operation.

Bettnässen und infektiöser Zucker

Ich möchte nicht unnötig wiederholen, was ich darüber bereits in „Helfen und Heilen" gesagt habe. Indes möchte ich in diesem Zusammenhang noch einige helfende Hinweise geben. Wie die unheimlichen Fieberschübe bei Kindern und Erwachsenen muß auch das Bettnässen unter dem Gesichtspunkt der Gesamtdiagnose betrachtet werden. Fieberschübe haben ihre Ursachen ja meist in Fisteln und Zysten der Schultern, der Brust oder des Unterleibes. Dasselbe gilt bei der Feststellung von Blutzucker,

40

der grundsätzlich mit der Bauchspeicheldrüse nichts zu tun hat. Ich nenne ihn „traumatischen Zucker". Hat man den Infektionsherd einmal entfernt, dann läßt sich diese Art von Zuckerkrankheit verhältnismäßig leicht heilen.

Erfahrungsgemäß weiß ich, daß viele Kinder und hin und wieder sogar Erwachsene bettnässen, weil sie Blutzucker haben, es aber nicht wissen. Der übermäßige Urindrang, den sie nachts im Schlafe nicht spüren, läßt sie den Urin verlieren. Es ist wirklich ein peinliches Leiden. Das ungeschickteste, was Eltern und Erzieher tun können, ist das Bloßstellen der Bettnässerkinder! Sie können auf diese Weise einem Kind schwersten seelischen Schaden zufügen, und abgesehen davon: Strafen nützt in diesen Fällen nichts, weil es ja kaum böser Wille oder Bequemlichkeit ist, sondern eben Krankheit.

Man muß also den Herd der Infektion feststellen, der den übermäßigen Blutzucker bewirkt, und dann wird vorgegangen wie bei jeder Infektion in Schultern, Brust und Unterleib. Man gebe solchen Kindern viel Brusttee. Haferflokken und Vollkornbrot dürfen sie essen, soviel sie wollen. Sonst aber müssen sie die strengen Regeln der Diabetiker befolgen, bis sich der Blutzucker normalisiert hat. Echter Bienenhonig ersetzt meist ohne Schaden den Zucker. Die von den Kindern heißgeliebte Schokolade muß aber wie bei Leber- und Gallenleiden beiseite gelassen werden!

Zentrum X

Wenn ich nun von Störungen im Zuckerhaushalt spreche, gibt es nicht nur die eigentliche Diabetes, die auf ein Versagen der Bauchspeicheldrüse zurückgeht; ebenso kommt nicht nur recht häufg der sogenannte traumatische Zukker vor, der seine Ursache in einer unbewältigten Infektion irgendwo im Leibe hat. In den langen Jahren meiner Tätigkeit habe ich immer wieder Urin- und Blutzucker festgestellt, der seine Ursache weder in der Bauchspeicheldrüse noch in einer Infektion hatte. Das Pendel wies in solchen Fällen immer auf einen Punkt hin, der bei Kindern rechts und links 8 cm, bei Erwachsenen 10 cm in Kreuzbeinwirbelhöhe von der Wirbelsäule entfernt liegt. Ich

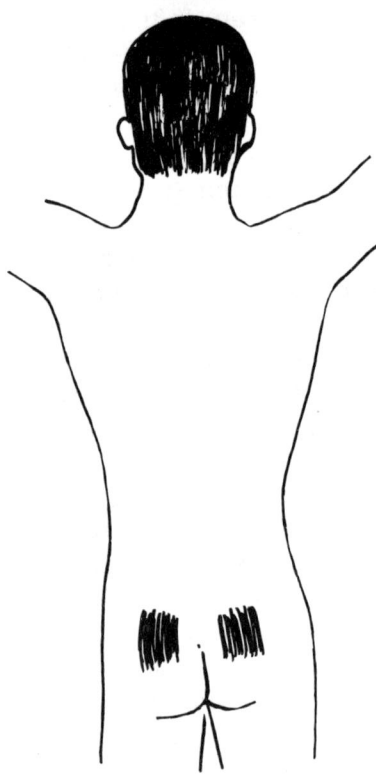

nenne diesen Punkt einfach **Zentrum X.** Störungen in diesem Zentrum habe ich erstmals bei jenem Kind festgestellt, das jede halbe Stunde erwachte. Massagen mit Olivenöl halfen dann dem Übel in kurzer Zeit ab. – Später gelang auch die Heilung von Bettnässerkindern, wenn an jenen Stellen eingerieben wurde. – Mehr und mehr wurde mir klar, daß Zukkerstörungen ihre Ursache bei Kindern und Erwachsenen auch in diesem Zentrum haben können. Man darf dann bei Bettnässerkindern ruhig diese Stellen einmassieren; schaden können diese Massagen auf keinen Fall, im Gegenteil.

Des weiteren kenne ich mehrere Fälle von einfachen bis schwersten Sehstörungen, ja von eigentlicher Erblindung, wo die Ärzte keine Erkrankung der Augen feststellen konnten und vor einem Rätsel standen. Das Pendel wies auf Zentrum X hin. Entsprechende Ölmassagen brachten schon mehrmals fühlbare Besserung. Es ist aber hier zu sagen, was bei Störungen durch Blutergüsse im Kopf allgemein gilt: Je weiter die Erkrankung zurückliegt, umso schwieriger gestaltet sich eine Heilung und ist bei total abgestorbenen Zellen aussichtslos.

Auch Störungen im Kalium- und Kalziumhaushalt und in weiteren Elementen haben nicht selten den Herd im Zentrum X. Schon öfters verschwanden bei Kindern und Erwachsenen durch die Massagen im Bereich des Zentrums X die Schuppenflechten. Ob die unschönen Pigmentflecken vom Zentrum X verursacht sind, entzieht sich meiner Erfahrung.

Bemerkenswert ist ferner die Tatsache, daß fortschreitende Lähmungen im unteren Teil des Rückens lange nicht immer eine Erkrankung der Wirbelsäule darstellen, also nicht die gefürchtete MS (multiple Sklerose) sind, sondern von einer Störung im Zentrum X ausgehen. Diese Lähmungen können durch gezielte Massagen der unteren Rückenpartien weitgehend behoben werden. Dabei sind zusätzliche Massagen von den Kniekehlen die Oberschenkel entlang aufwärts geboten. Nur weiß ich, daß in den ersten Wochen die Schmerzen zunehmen können. Da darf man den Mut nicht verlieren, sondern soll durchhalten bis zur Heilung.

Sind die Störungen im Bereich des Zentrums X infektiöser Natur, behandeln wir mit Kohlblatt und Olivenöl.

Auch Übergewicht kann die Ursache im Zentrum X haben. Zu mir kam ein älterer, kräftig gebauter Südtiroler Bergbauer aus dem Sarntal. Er war stark „aufgetrieben" und wog 98 kg. Ich stellte bei der Untersuchung eine Störung im Zuckerhaushalt fest. Der Mann hielt nun Zuckerdiät und massierte Zentrum X täglich kräftig mit Olivenöl. Als er sich nach drei Monaten wieder zeigte, war das Gewicht auf 82 kg zurückgegangen; die Zuckerstörung war weg; Herz- und Atembeschwerden waren verschwunden.

Ein Mann in den Fünfzigerjahren litt seit Jahren an schweren Asthma-Anfällen. Langjährige ärztliche Behandlung und mehrere Aufenthalte in Luftkurorten erwiesen sich als nutzlos. Ich testete den Mann und stellte eine Störung im Zuckerhaushalt fest, die ihren Sitz im Zentrum X hatte. Der Mann hatte aber nicht zu viel, sondern zuwenig Zucker im Blut. Er mußte nun das Zentrum X fleißig behandeln. Im Verlauf von Monaten konnte er eine starke Besserung seiner Atmung melden.

Es kommt immer wieder vor, daß Kinder nicht richtig wachsen wollen. Mehrmals stellte ich als Ursache des Wachstumsrückstandes einen Fehler im Zentrum X fest. Zum Teil hatten solche Kinder entweder zuviel oder zuwenig Zucker im Blut. Die Massagen des Zentrums X brachten entsprechende Besserung, und die Kinder entwickelten sich normal.

Hier möchte ich die Pendler nachdrücklich darauf aufmerksam machen, daß sie bei der Feststellung von Störungen im Zuckerhaushalt nicht einfach auf Diabetes behandeln, sondern erst fragen sollen, ob es sich um ein Zuviel oder um ein Zuwenig an Zucker im Blut handelt. Eine diesbezügliche Unterlassung könnte schwere Folgen haben.

Welche Anzeichen könnten den Verdacht auf vom Zentrum X ausgehende Zuckerstörungen hinlenken? Meist sind es Kreuzschmerzen, oftmaliger Urindrang, wobei der Urin fast farblos abgeht, starkes Durstgefühl, trockener Mund und Sehstörungen. Da weiß man, was zu unternehmen ist. Wie ich aber aus Erfahrung weiß, stellen die Ärzte in vielen Fällen, entgegen meiner Diagnose, keinen abnormalen Zuckerspiegel fest und spotten dann über mein

Pendel. Die Heilungen mittels Behandlung von Zentrum X bestätigen aber die Richtigkeit meiner Diagnose.

Hier nöchte ich noch anfügen, daß die Behandlung von Zentrum X mehrmals rätselhafte, nicht im Kopf lokalisierte epileptische Anfälle beseitigte.

Vielleicht daß sich ein Arzt oder Doktorand genauer mit dem Problem befaßt; es könnte für ihn eine Lebensaufgabe werden und für viele leidende Menschen eine große Hilfe.

Öltest

Ich werde immer wieder gefragt: „Schon recht, was Sie schreiben, aber wer sagt uns, wo der Herd einer Infektion liegt?" In „Helfen und Heilen" habe ich den Öltest genau beschrieben. Ist also so ein Kind Bettnässer, dann reibe man ihm zwei bis drei Minuten kräftig Schultern, Brust und Unterleib mit Olivenöl ein. Dann reibe man etwas feines Kochsalz in das aufgetragene Öl und trockne nachher ab. Die entstehenden und Minuten danach noch sichtbaren roten Flecken geben genau die Stellen der Infektionen an. Dort muß die Behandlung dann einsetzen, bis sie zum Ziele geführt hat. Wenn dann ein Kind vielleicht schon nach zwei bis drei Wochen mit dem Nässen aufhört, soll man mit den Kabisblattauflagen und Olivenölmassagen dennoch sechs bis acht Wochen weiterarbeiten. Sonst kommt es wieder zu Rückfällen.

Mit diesem erneuten Hinweis möchte ich ein für allemal den häufigsten Anfragen entgegnen: „Wo muß man einreiben, wie lange muß man einreiben?" – Man mache also den Öltest! – Das andere ergibt sich dann von selbst. Dafür habe ich ja meine beiden Schriften verfaßt, daß sich die Leute möglichst selber helfen können. Hier möchte ich aber eine Warnung aussprechen: Wo bei Gelenkabnützung oder allzu starker Deformierung ein Gelenk entfernt und durch ein künstliches Gelenk ersetzt wurde, soll man die Gegend dieses künstlichen Gelenkes nicht mit Olivenöl behandeln! Denn es könnte sein, daß das Olivenöl in das künstliche Gelenk eindringt und es verharzt. Ich kann darüber keine bestimmten Erfahrungswerte anführen, sehe aber trotzdem darin eine Gefahr. – Bei lebenden Gelenken dagegen kann das Olivenöl nie schaden. Es greift die Knochen nicht an, anders als bei Murmeltierfett, vor dem ich erneut warnen möchte, weil es immer wieder in Hausapotheken zu finden ist. Wie es diesbezüglich mit dem Hundefett steht, vermag ich nicht zu sagen. Man lasse sich lieber nicht auf eine riskante Sache ein!

Wo Kinder den Kot nicht halten können, was noch peinlicher ist als das Nässen, soll man Massagen mit Olivenöl vornehmen, ähnlich wie sie bei Gebärmuttersenkungen der Frauen gemacht werden. Kräftigt sich durch die Massagen die Bauch- und Darmmuskulatur, kann auch diesem Übel abgeholfen werden, wie ich bereits in einem Fall feststellen konnte.

Migräne

„Umstürzend" habe ich in „Helfen und Heilen"
ein Kapitel überschrieben, eben jenes Kapitel,
das ich, um den Umfang der Schrift nicht über
Gebühr zu vergrößern, allzu kurz fassen mußte.
Hier ist nun Gelegenheit zu einer grundsätzli-
chen Diskussion, gewissermaßen zu einem
Kommentar zu vielen Dingen, die ich in meiner
ersten Schrift nur kurz zur Sprache bringen
konnte. – Ein bedeutendes medizinisches, der
Naturheilkunde verschriebenes Blatt äußerste
sich vor nicht langer Zeit wie folgt: „Migräne
gibt noch Rätsel auf...Die eigentlichen Ursachen der Migräne sind wissenschaftlich nicht
einwandfrei geklärt. Weil die Migräne bei
Frauen fünfmal mehr auftritt als bei Männern
und bei Kindern überhaupt kaum, nimmt man
hormonale Störungen als Ursache an. Aber
auch allergische Reaktionen sowie anlagebe-
dingte Dispositionen stehen unter Verdacht.
Übrigens gibt es Familien, in denen das Leiden
gehäuft vorkommt." – Soweit dieses Blatt. Also
ist die Migräne ein anfallsweise auftretender
Kopfschmerz, dessen Stärke von mäßiger bis
zu größter Heftigkeit reichen kann. Typisch ist,
daß sich die Beschwerden zumeist nur auf die
eine Seite des Gehirns beschränken. Das kann
man in medizinischen Büchern lesen.
In aller Bescheidenheit und doch bestimmt
möchte ich auf meine langjährigen Beobachtungen hinweisen. Ich bin mir wohl bewußt, daß
Migräne mehrere Ursachen haben kann. Doch

liegt eine beträchtliche Anzahl von Fällen vor, wo ich Migräne auf Grund meiner Feststellung beseitigen konnte, und deshalb fühle ich mich verpflichtet, die entsprechenden Hinweise zu geben.

Ich weiß, wie Leute unter Kopfschmerzen leiden können. Ich hatte Kinder im Unterricht, Mädchen, die vor Schmerzen die Tränen nicht zurückhalten konnten. Ich kannte Frauen, die fast ständig mit schmerzverzerrtem Gesicht an die tägliche Arbeit gingen. Aber auch Männer lernte ich kennen, die ob der Tag und Nacht quälenden Kopfschmerzen am Verzweifeln waren. Sogenannte Schmerztabletten schafften wohl für Stunden Ruhe, doch dann brachen die Schmerzen mit neuer Heftigkeit hervor. Die Ärzte zuckten die Achseln, sprachen von möglichen Kiefervereiterungen, Eiterzähnen, Trigeminusnerventzündungen, von eingeklemmten Nerven, von Stirnhöhlen- und Mittelohrkatarrhen, von Kopfverletzungen, von Hirnhautreizungen ... Allenfalls rieten sie zu einer Operation ...

Wo Leute über Migräne klagten, sagten sie fast immer, sie hätten dabei auch einen steifen Nacken oder sie hätten alle Mühe, den Kopf auf die Seite zu drehen. Dazu nannten sie auch zunehmende Gedächtnisschwäche, mangelnde Konzentration, ein ständiges Rauschen und Sausen im Kopf, Abnahme von Gesicht- und Gehörsinn, manchmal auch Verlust des Geruch- oder des Geschmackssinns, dann wieder ständigen

Schwindel und Brechreiz und dazu quälende Schlaflosigkeit.

Wenn ich nun das Pendel zur Hand nehme, peile ich grundsätzlich alle Organe an und beschränke mich nicht einfach auf den Kopf oder auf sonst ein krankes Organ. Vielmehr beschaue ich die Gesamtheit und das Zusammenspiel aller Organe des Leibes, eben weil ich um die Komplexität der Dinge weiß. Mit dem Pendel kann ich grundsätzlich auch jederzeit erfahren, wo der Herd eines Leidens liegt. – Liegt also Migräne, ständiges Kopfweh, vor, werde ich schauen müssen, ob vielleicht ein Organ der Brust oder des Unterleibes dieses Leiden verursacht. Tatsächlich kommt auch bei Magenbeschwerden oft Kopfweh. Oder ist es die Galle? Oder ist die Zuckerkrankheit mit im Spiel? Fehlt es im Rückenmark oben oder unten? Sind es hormonale Störungen?

Hier kommen manchmal wirklich merkwürdige Dinge zum Vorschein, die von Fall zu Fall genau abgeklärt werden müssen. – Indes: Die gemachten Erfahrungen weisen doch in der Großzahl der Fälle auf den Kopf selber hin. Ich bringe darum einige konkrete Fälle, an Hand derer einige gültige Grundregeln zur richtigen und wirksamen Behandlung herausgestellt und festgehalten werden können. Oder sollen auch diese wichtigen Erkenntnisse dem Vergessen anheimfallen?

Kopfblutungen

Anton ist Bauer und geht im Winter Holzfällen. Er klagt über rasende Kopfschmerzen und meint, er könne kaum mehr leben. Er wisse sich nicht mehr zu helfen und sei der ständigen Pillen und Tabletten überdrüssig; sie machten ihn noch kränker, als er schon sei. – Ich frage Anton zuerst, ob er einmal einen Schlag auf den Kopf gekriegt oder einen Sturz getan hätte? Da zeigt mir der Mann auf dem Scheitel eine Narbe. Da sei ihm vor Jahren beim Holzen im Walde ein Aststück auf den Kopf gefallen und von dort weg seien die Schmerzen gekommen und immer unerträglicher geworden. – Ich stelle mit dem Pendel im Hinterkopf links unten ein Blutgerinnsel von 8 Kubikzentimeter fest. Merkwürdigerweise hätten die Ärzte bei einem Encephalogramm nichts feststellen können, bekannte Anton. Ich pendle – was kann helfen? Täglich drei Minuten gründlich und gut in den Haarboden Olivenöl einmassieren, dann abtrocknen. Dies mindestens zwei volle Monate lang täglich, am besten abends, und dann das Haar nur einmal in der Woche waschen, an einem Morgen. Anton könne nachts auf das Kopfkissen ein Tuch legen, um das Kissen zu schonen. – Schon zwei Monate darnach schrieb mir Anton, er sei von seinem Kopfweh befreit. Das Olivenöl hat die Eigenschaft, daß es auch den härtesten Knochen durchdringen kann. So dringt es durch die Schädeldecke ein und weicht allgemach das eingekrustete Blut auf.

Nach und nach wird es dann abgetragen. Es geht hier aber wie mit der Gicht: Die ersten Wochen kann der Kopfdruck zunehmen, und damit werden die Schmerzen noch intensiver. Mit den Wochen aber baut sich der Schmerz ab, und endlich ist der Patient von seinem peinigenden Leiden befreit.

Hier muß ich aber eine Ergänzung anbringen. Es gibt immer wieder Fälle, wo ein Patient durch die Olivenölmassagen erst starke Erleichterung findet, dann setzen nach zwei bis drei Monaten erneut Kopfschmerzen ein. Was ist geschehen? Es hat sich im Kleinhirn überschüssiges Wasser gebildet. Es hat gewissermaßen „nachgezogen". Da legt man nachts Kabisblatt auf und massiert am Morgen den Nacken gründlich mit Olivenöl. Nun ist das Leiden wirklich geheilt!

Doch stehe ich immer wieder vor Fällen, in denen trotz gewissenhafter Behandlung von Kopf und Nacken mit Krautblatt und Olivenöl erneut Kopfschmerzen auftreten. Da kann ich nichts anderes raten, als eben den Nacken jedes halbe Jahr wieder für einige Wochen zu behandeln. Kohlblatt und Olivenöl können nie schaden, auch bei jahrelanger Behandlung nicht.

Ich bemerke dies ausdrücklich, damit es nachträglich nicht heißt, der Pendler sei ein Schwindler oder verstehe nichts von der Sache. Das passiert nämlich auch. Da schreiben Leute rabiate Briefe. Nun, ich gebe zu, daß auch Fälle vorkommen, wo ich nicht zurechtkam, und daß ein gewisser Prozentsatz aller Kunst widersteht. Warum, das weiß Gott. Indes müßte ich auch wissen, ob all das gewissenhaft getan wurde, was ich angeraten hatte. Nicht selten kommt es nachträglich heraus: Wir haben es zwei, drei Wochen lang gemacht, und als es nicht gleich half, haben wir einfach aufgehört! Da soll man aber dann nicht dem Pendel die Schuld geben.

Ich möchte hier noch jedem Pendler eindringlich ans Herz legen, daß er nicht nur den Hinterkopf und Nacken untersucht, sondern ebenso den Scheitel von Ohr zu Ohr und die ganze Stirne. So wird man auch feststellen können, wo beim Unfall der Kopf aufschlug oder ob der Schlag von vorn, auf den Scheitel oder von hinten erfolgte. Meistens ist auf der Stelle des Aufschlags der Bluterguß am stärksten. Es kommen da manchmal recht merkwürdige Dinge zum Vorschein. Kommt da ein kräftig gebauter jüngerer Mann her, seines Zeichens Wirt. Er leide seit Monaten an einem schaurigen Kopfweh. Ich pendle und stelle den stärksten Bluterguß in der Scheitelgegend fest und frage: „Haben Sie einmal einen Schlag auf den Scheitel gekriegt?" Der Mann bekennt: „Ein Gast hat mir einmal nach übermäßigem Alkoholgenuß bei einem Streit eine Bierflasche auf dem Kopf zerschlagen." Die Heilung hatte folgenden Weg zu gehen: die Stirn zehn Wochen lang, den Scheitel von Ohr zu Ohr zwölf Wochen, den Hinterkopf und Nacken zehn Wochen abends gründlich mit Olivenöl massieren. Einen Monat nach Beginn der Kur, nach den Massagen mit Olivenöl und dem Abtrocknen, nachts auf den Nacken Kabisblatt auflegen und am Morgen den Nacken waschen.

Nicht selten muß man auch mit dem Unverstand der Leute rechnen. Eine gut situierte Dame wollte wissen, warum sie immer so quälendes Kopfweh habe, Migräne tags und nachts, und dabei Ratlosigkeit von seiten der Ärzte. „Schlucken Sie eben Kopfwehtabletten! Da können Sie wenigstens nachts schlafen!" – Das Pendel gab einen gehörigen Bluterguß im Kopf an, der von der rechten Stirnseite über den Scheitel bis zum ganzen Hinterkopf reichte. Die Frau war eine leidenschaftliche Sportlerin. Bei einem heftigen Zusammenstoß beim Skifahren gab es eine gehörige Schramme, und seit damals hatte sie Kopfweh. – Also muß der ganze Kopf drei Monate lang täglich drei Minuten gründlich mit Olivenöl einmassiert werden. Doch da komme ich schön an. „Was meinen Sie denn? Ich bin Geschäftsfrau in leitender Position und soll mit derart fettigen Haaren herumlaufen! Fiele mir grad ein! – Haben Sie nichts anderes, vielleicht einen wirksamen Tee oder sonst ein Medikament?" Ich suche zu begütigen: „Das ist schließlich für drei Monate und dann ist es gut, und wirksame Medikamente für Ihren Fall weiß ich keine." – „Und Sie lassen mich mit einem solchen Kopfweh ohne Hilfe?" – „Gute Dame, dann bleibt nur noch die eine Möglichkeit: Man kann die Schädeldecke durchsägen, aufdecken und dann, soweit es möglich ist, das geronnene Blut herauskratzen." Wütend schlägt die Dame die Türe zu und macht sich davon.

Nach vier Wochen meldet sich die Stimme wieder am Telefon: „Entschuldigen Sie, Pater, daß ich so schroff war; aber gibt es wirklich kein anderes Mittel als das schreckliche Olivenöl?"

„Ich weiß kein anderes. Aber Sie können doch die drei Monate eine Perücke tragen oder schließlich am Morgen das Haar mit Trockenshampoo behandeln." – Wenn die Dame nun das Rezept mit dem Olivenöl richtig angewandt hat, sollte sie schon längst von ihrem Kopfweh befreit sein!

Meist erfahre ich, daß es geholfen hat, wenn wieder ein Patient anfragt: „Sie haben dieser und jener Person mit Erfolg geholfen. Nun helfen Sie auch mir!"

Innere Stimmen, Nachtwandeln, Epilepsie

Ein bekannter Professor und Künstler, der in einem alten ehemaligen Herrenhaus wohnte, ersuchte mich um eine Auskunft. Ein Geistlicher müsse auch um okkulte Dinge wissen. Er habe dieses Haus rechtmäßig erworben, doch mache ein unguter Mensch, der früher dort gewohnt hatte, immer noch Rechte auf dieses Haus geltend. Er komme mit diesem Mann, der weit herum als Querkopf und Querulant gelte, trotz besten Willens nicht zurecht. – Nachts nun höre er immer Stimmen, und die verstorbene Frau jenes Mannes beteure ihm: „Du hast das

Haus rechtmäßig erworben, bleib drin, es kann Dir's niemand nehmen!" – Die Sache werde ihm immer unheimlicher, und er könne in diesem Haus keine Nacht mehr ruhig schlafen. Ob ich ihm nicht das Haus aussegnen würde? Ich tat es. Gleichzeitig untersuchte ich das Haus auf Wasseradern und schirmte ab, wo es nötig war. Dann ließ ich die Sache auf sich beruhen.

Ein Jahr später meldete sich der betreffende Herr wieder und klagte, es habe alles nichts genützt, er sei mit den Nerven am Ende. Jetzt erstellte ich ihm einen Pendeltest. Ich stellte einen starken Überdruck im Kleinhirn fest. „Legen Sie zwei Monate lang nachts ein Krautblatt auf den Nacken, und am Morgen wird das Krautblatt mit Wassertröpflein besetzt sein! Am Morgen reiben Sie den Nacken drei Minuten lang kräftig mit Olivenöl ein." Nach einem Jahr meldete sich der Professor wieder und teilte mir freudig mit, die nächtlichen Unruhen und Störungen hätten sich mittlerweile ganz verloren, und er komme sich endlich wieder wie ein ganzer Mensch vor. Und, das fügte er am Schluß noch hinzu: „Meine künstlerische Inspiration hat in keiner Weise gelitten, im Gegenteil!"

Hier könnte ich vielleicht etwas boshaft fragen: „Würde man unter Umständen nicht mit Erfolg gewissen modernen Künstlern, seien es Dichter, Maler, Bildhauer oder Musiker, anraten, nachts Kabisblatt auf den Nacken zu legen und am Morgen Olivenöl zu verwenden, um ihre Kunst wieder in normale Bahnen zu lenken?"

Oder man riete überspannten oder querköpfigen Schriftstellern auf weltlichem und geistlichem Gebiet einmal eine Kur mit Nierentee oder veranlaßte sie, die Galle in besseren Fluß zu bringen? Hat nicht sogar Nietzsche einmal gesagt: „Sie erbrechen ihre Galle und nennen es Zeitung!"

Ein Vater klagte mir: „Mein neunjähriges Mädchen ist eine Nachtwandlerin. Besonders in Vollmondnächten sind wir in ständiger Angst." Der Mann kam mit dem Kinde her. Es war normal gebaut und zeigte keine Spur eines geistigen oder körperlichen Defekts. Ich stellte aber einen starken Überdruck im Kleinhirn fest. Man legte dem Kind nachts Kabisblatt auf den Nacken und rieb am Morgen zwei Minuten gehörig mit Olivenöl ein. Der Nachtwandel hörte nachher fast schlagartig auf!

Man kann also sehr viele Kopf- und Nervenleiden auf die beiden Grundtatsachen zurückführen: **Entweder ist die Ursache der Störungen ein Bluterguß im Kopf, ohne daß dabei das Hirn verletzt wurde, oder es handelt sich um einen Überdruck im Kleinhirn oder um eine Entzündung der Hirnanhangdrüse.** Was vorzunehmen ist, habe ich bereits gesagt.

In nicht wenigen Fällen, die als Epilepsie diagnostiziert und behandelt wurden, liegen diese beiden Möglichkeiten zugrunde. Entsprechend stellten sich bei richtigem Vorgehen denn auch die Heilungen ein.

Natürlich muß ich Patienten, die jahrelang vom Psychiater Mittel einnehmen, anraten, daß sie diese Medikamente auf keinen Fall von sich aus wegtun dürften. Hier darf nur schrittweise und langsam abgebaut werden, sonst könnten gefährliche Schockwirkungen auftreten und sich alles in Frage stellende Rückfälle ergeben, so daß der Schaden dann kaum noch behebbar wäre. In solchen Fällen sage ich immer: „Lieber einen Monat zuviel diese Medikamente nehmen, als eine Krise heraufbeschwören." Der Nervenarzt wird übrigens mit der Zeit selber feststellen, daß eine wesentliche Besserung eingetreten ist und dann die Medikamente entsprechend reduzieren.

Wäre es nicht angezeigt, Leute, die behaupten, sie hätten Erscheinungen, also religiöse Visionen, auf Störungen im Kopf zu untersuchen, der Art, wie ich sie eben geschildert habe? Ich schließe natürlich Fälle von Hysterie oder Betrugsabsicht aus. Es handelt sich um Leute, die guten Glaubens von religiösen Erlebnissen reden. Ein kurzer Hinweis mag vielleicht für Beichtväter und Seelenführer nützlich sein: Da schrieb mir einst der Postulator für den Seligsprechungsprozeß eines Dieners Gottes und bat um Rat. Eine ehrenwerte Person hatte ihm einen Brief geschrieben, worin sie behauptete, der Diener Gottes sei ihr nachts mehrmals erschienen und habe ihr Botschaften ausgerichtet, Offenbarungen, welche die Zukunft beträfen. Was ich von der Sache halte? Ich prüfte das Nervensystem der betreffenden Person und stellte dabei einen starken Überdruck im Kleinhirn, verbunden mit einer Veränderung der Hirnanhangdrüse, fest. Die Sache war mir klar, und ich gab dem Postulator in diesem Sinne Bericht.

Damit sei in keiner Weise etwas gegen echte Visionen gesagt, die von der Kirche anerkannt sind. Die große hl. Theresia von Avila war eine zu nüchterne und selbstkritische Beobachterin, als daß sie Selbsttäuschungen zum Opfer gefallen wäre. Oder wie dürften wir den Mut haben, die großen alttestamentlichen Propheten krankhafter Vorstellungen zu zeihen? Hier sprach wirklich der Hl. Geist durch die Propheten! Heute aber fällt auf, wie viele Botschaften durch die Welt gehen, die ein sehr frommes Mäntelchen tragen, aber durch ihre Umständlichkeit mehr als zweifelhaft sind. Darum bin ich diesbezüglich sehr reserviert und halte mich streng an die kirchlichen Entscheidungen! Was echt ist, hat noch immer die kirchliche Prüfung bestanden. Im übrigen gilt auch hier das Heilandswort: „An ihren Früchten werdet Ihr sie erkennen."

Es ist wirklich so: In unserem materialistischen und rationalistischen Zeitalter berühren sich die Extreme. Auf der einen Seite gibt es radikale Ablehnung jeder Übernatur, auf der anderen Seite besteht eine krankhafte Wundersucht. Beides ist schlecht. Die Wahrheit steht in der Mitte. — Man verstehe mich nicht falsch, wenn ich sage, daß ich an die von der Kirche bestätigten Muttergotteserscheinungen von Lourdes und Fatima glaube, noch mehr Gewicht aber auf die Lehraussagen der Kirche über die Unbefleckte Empfängnis Marias und ihre Aufnahme in den Himmel mit Leib und Seele lege! Es gäbe nicht soviel Schwärmertum und Sektiererei in der Kirche Gottes, wenn dies mehr beherzigt würde. Es ist eben noch lange nicht alles echte Frömmigkeit, was unter dem Titel „fromm" durch die Welt reist.

Sinnesstörungen

Wie bereits bemerkt, klagen Leute, die unter ständigem Kopfweh leiden, oft auch über das Schwinden der Seh- und Hörfähigkeit. Andere klagen, daß ihr Geruch- und Geschmacksinn abgestorben sei. Wieder andere haben ständig ein salzig-bitteres Gefühl im Munde. Barbara ist um die 40 Jahre alt; ich kannte sie schon als Kind. Sie fragte mich, was sie wohl tun müsse: Sie hätte immer Kopfweh und ein merkwürdiges, salziges Gefühl im Mund. Ob sie vielleicht zum Zahnarzt gehen müsse? Ich untersuchte sie und stellte einen Bluterguß mitten im Kopf, in der Nähe des sogenannten Siebbeines, fest. Barbara rieb nun nach meinem Rat Stirn, Scheitel, Hinterkopf und Nacken mehrere Wochen lang täglich mit Olivenöl ein. Eines Tages hätte sie im Mund einen richtigen Blutzapfen gehabt, und der Speichel sei blutig gewesen. Von jenem Tag an war das Kopfweh verschwunden und damit auch der salzige Geschmack im Munde. Erfahrungsgemäß bessern sich nach dem Abbau des geronnenen Blutes Gehör- und Gesichtssinn wieder, ebenfalls kehren Geruch- und Geschmacksinn allmählich wieder zurück. Meines Erachtens rührt grüner Star sehr häufig von Blutergüssen im Kopf oder von Überdruck im Kleinhirn her.

Hier ein Fall, den ich gut belegen kann: Bernhard, 13 Jahre alt, Mittelschüler, sah immer schlechter. Stärkere Brillen brachten keine Besserung. Schließlich stellte eine Augenklinik fest: Es ist grüner Star; eine Heilung ist nicht möglich. Daraufhin fragte man mich um Rat. Ich verschrieb täglich abends dreiminütige Massagen von Hinterkopf und Nacken, und zwar so, daß die Kopfhaut dabei richtig naß wurde. Dann wurden Hinterkopf und Nacken abgetrocknet. Der Hinterkopf durfte aber nur einmal in der Woche an einem Morgen warm gewaschen werden. Zugleich hatte Bernhard täglich die Augenbäder mit Salzwasser zu machen, wie sie in meinem Buch „Helfen und Heilen" beschrieben sind.

Langsam kehrte die Sehkraft wieder zurück, und nach drei Monaten stellten die Ärzte der Augenklinik fest: Bernhard ist vom grünen Star vollständig befreit!

Bei der Nachkontrolle stellte auch ich die vollständige Wiederherstellung der Sehkraft fest. Ich riet einzig, die Kopf-Nacken-Massagen noch einige Wochen weiterzuführen, damit sich die letzten Reste des geronnenen Blutes im Hinterkopf auflösten. Ebenso sollte der Junge die täglichen Augenbäder weitermachen.

Ich habe noch weitere interessante Feststellungen machen können. Bei Pia, einem vierjährigen Kind, war von den Ärzten ein unheilbarer Wasserkopf diagnostiziert, und man hatte dem Kind ein Röhrlein im Kopf eingesetzt. Vater und Mutter kamen mit Pia her. Ich stellte erstens fest, daß auch der absolut gesunde Vater einen kräftig gebauten Schädel besaß, und die Mutter hatte nicht weniger eine kräftig entwickelte Kopfform. Was war dann beim Kind anderes zu erwarten, als daß es auch einen kräftigen Schädel erbte! Zweitens stellte ich fest, daß die kleine Pia unter einem Überdruck im Kleinhirn litt, das war alles. Die Eltern legten dem Kind nun nachts Kabisblatt auf den Nakken und massierten am Morgen den Nacken zwei Minuten mit Olivenöl. Das taten sie auch mit den dem Hals zuliegenden Schulterteilen. Das Kabisblatt zog viel Wasser heraus, und Pia sieht aus wie jedes normale Kind und beginnt richtig zu sprechen, ißt und schläft normal.

Ich erinnere mich noch gut, wie mein Vater selig mich einmal als Bub mit der Hand über seinen Scheitel fahren ließ. Ich fühlte eine richtige Einbuchtung. Der Lehrer hatte ihn einmal im Zorn mit dem Meerrohr auf den Kopf geschlagen. Das sei das Andenken! Der betreffende „schlagkräftige" Lehrer wurde dann entfernt und erhielt das Amt eines Zuchthausdirektors . . .Menschlichkeit in der Schule! – Nein, es ist nicht gut, wenn sich Eltern und Erzieher vom Zorn fortreißen lassen und blindlings auf ein Kind losschlagen! Eine Ordensfrau erzählte mir einmal, daß sie ständig an peinvollem Kopfweh leide. Ich stellte einen Bluterguß im

Hinterkopf fest. Sie hätte eine sehr jähzornige Lehrerin gehabt. Als sie einst auf eine Frage keine Antwort wußte, hätte sie die Lehrerin an den Haaren gepackt und zu Boden geschleudert, und seitdem hätte sie ständig an Kopfweh gelitten. Zu Hause hätte sie aber nichts zu sagen gewagt.

Das Pendel kann manchmal recht peinliche Dinge zutage bringen. Da kommt eine Frau aus einer scheinbar glücklichen Ehe her und klagt über ständiges, schweres Kopfweh und heftigen Schwindel. Ich prüfe nach und sage: „Ein Bluterguß zieht sich von der Stirn unter dem Scheitel durch bis zum Hinterkopf. Sie müssen einmal einen heftigen Schlag auf die Stirn erhalten haben!" Da beginnt die Frau zu weinen und bekennt: „Mein Mann" – ein Akademiker – „hat mich einmal in Gegenwart der Kinder schwer beschimpft und mich mit der Faust derart heftig auf die Stirn geschlagen, daß ich ohnmächtig hinfiel . . ."

Viele ständig von Migräne gequälte Leute bekennen mir: „Mein Vater war ein Schläger. Immer schlug er mich in Wutanfällen auf den Kopf." Oder: „Die Mutter mochte mich nicht leiden. Unbeherrscht, wie sie war, ohrfeigte sie mich wegen jeder Kleinigkeit so heftig, daß mir mehrmals Blut aus den Ohren floß."

Heuschnupfen und ständiger Nasenfluß

Was man bei Heuschnupfen unternehmen soll, habe ich schon in meiner ersten Broschüre angetönt. Die Gesichtsbäder bringen wohl beachtliche Erleichterung, vermögen aber allein das Übel nicht an der Wurzel zu fassen. – Was ich im Verlauf der Jahre feststellen konnte, ist die Tatsache, daß Heuschnupfen und Nasenfluß wie viele andere Kopfleiden die Ursache in einem Bluterguß im Kopf haben. Man muß also wie bei der leidigen Migräne das im Schädel sitzende geronnene Blut durch die ausdauernden Olivenölmassagen beseitigen. In einem besonders schweren Fall bedurfte es voller zehn Monate, worauf dann der Nasenfluß über Nacht schlagartig aufhörte.

Wenn ich nun die verschiedenen Auswirkungen von Blutergüssen im Kopf zur Sprache gebracht habe, möchte ich es nicht unterlassen, gewissermaßen wiederholend und zusammenfassend einige markante Heilerfolge aus neuester Zeit anzuführen.

Daß es Kopfblutungen gibt, ist eine gut bezeugte Tatsache. Nur scheint es nicht bekannt zu sein, daß sie viel häufiger vorkommen, als man gemeinhin annimmt. Eine deutsche Anatomiestudentin, die durch die Massagen des Kopfes mit Olivenöl ihre quälende Migräne restlos beseitigen konnte, bestätigte mir erst mündlich und dann auf meine Bitte hin auch schriftlich: „Wir sind in unserer Abteilung auf das Sezieren von Gehirnen spezialisiert. Von zehn Köpfen haben durchschnittlich sechs Gehirne Blutergüsse. Wir fanden Blutklumpen bis zur Größe von Hühnereiern, und das Merkwürdige: beim Röntgen stellte man nichts fest" (wie übrigens aus meinen Erfahrungen auch beim Röntgen der Gallenblase).

So vielen leidenden Menschen könnte in scheinbar aussichtslosen Fällen geholfen werden, wenn man nur an die Kraft des Olivenöles glaubte, wie die nachfolgenden Beispiele darlegen möchten.

Eine junge Frau, Elisabeth, Mutter von Zwillingen, gleitet auf der vereisten Straße aus und schlägt mit dem Hinterkopf heftig auf. Man trägt die junge Frau bewußtlos nach Hause. Sie kommt wieder zu sich, leidet aber an starkem Drehschwindel. Die Sache wird so schlimm, daß Elisabeth nicht mehr ausgehen kann. Der Arzt, der nicht mehr zurecht kommt, meldet die Frau in einer Universitätsklinik an. Nach der Untersuchung wird zu einer Kopfoperation geraten. Ich rate von dieser Operation ab. Elisabeth behandelt den Kopf mit Olivenöl, und in drei Monaten sind Kopfweh und Drehschwindel verschwunden.

Johanna ist dreißigjährig und führt als Magd einen Haushalt. Mit 19 Jahren stürzte sie mit ihrem Fahrrad; Blut rann aus Nase und Ohren. Johanna sagte aber zu Hause nichts. Nach Monaten stellte Johanna eine merkliche Abnahme der Sehschärfe und Hörfähigkeit fest. Sie begab sich zum Augenarzt. Nach der Untersuchung hob der Augenarzt die Schulter und erklärte: „Da ist nichts mehr zu machen; Sie werden blind." – Johanna fragt mich. Ich rate zu Kopfmassagen mit Olivenöl und Auflagen von Kohlblatt auf den Nacken sowie zu Augenbädern mit Salzwasser. Das übrige, die Periodenstörungen und den Weißfluß, beseitigt Pfarrer Künzles Frauentee. – Johanna ist nun von Beschwerden frei, dank der Behandlung mit Olivenöl.

Stefan ist ein elfjähriger Bub. Beim Turnen stürzt er von der Reckstange und schlägt mit dem Kopf hart auf. Nach diesem scheinbar harmlosen Unfall nimmt Stefans Gehör schnell ab; er hört nur noch mit größter Mühe. Der Ohrenspezialist findet eine Heilung aussichtslos. – Die Mutter reist mit dem Buben zu mir. Das Pendel stellt einen Bluterguß im Kopf fest: Das geronnene Blut blockiert das Gehörzentrum. – Ich rate die Olivenölmassagen. Nach drei Wochen schon schreibt mir die Mutter: ‚Gestern kommt Stefan gelaufen und ruft: „Mutti, in meinem rechten Ohr hat es einen Knall gemacht und ich höre wieder gut!"

Manchmal, aber nicht immer, können unterirdische Wasserläufe und Erdstrahlungen die Schuld an Unterentwicklung von Kindern haben. – Aber auch Blutergüsse im Kopf können die körperliche und geistige Entwicklung hemmen. Ein Beispiel: Josef war das Kreuz des Internates. Die Schwester Oberin fragte mich um Rat: Der Bub wäre nicht dumm, sei aber heillos zerfahren und bös. Die Schulleistung sei gleich null. Was sollte sie tun? – Ich stelle eine Kopfblutung fest, verursacht durch einen

Sturz. Ebenso hat Josef schon kleine Gallensteine. – Drei Monate sind seit der Behandlung
vergangen und die Schwester Oberin telefoniert mir: „Jetzt ist Josef der beste Schüler und
mit seinen Kameraden ganz verträglich!"
Ich kann eine beträchtliche Zahl von Fällen belegen, wo Kinder, ehemals bewegungs- und
sprachgehemmt, nun wieder gehen und sprechen. Mit der Auflösung des Blutergusses im
Kopf wurden die entsprechenden Nervenzent-
ren gelöst, worauf eine normale Entwicklung
der Kinder folgte.
Cerebral gelähmte Kinder? Hier läge meines
Erachtens der Ansatzpunkt zu großen Heiler-
folgen. Aber es heißt dann regelmäßig: „Für
solche Praktiken haben wir in unserem Heim
weder Zeit noch Lust", und die Sache bleibt liegen. Warum?
Barbara, ein Kleinkind von eineinhalb Jahren,
liegt mit heftigen Zuckungen im Bettlein. Psychopharmaka bringen eine kurze Zeit Beruhi-
gung. Der besorgte Vater – er ist weit hergereist
– fragt mich um Rat. Ich stelle bei Barbara im
Kopf einen Bluterguß fest, herrührend von einem Aufschlag. Also: behutsame Olivenölmassagen. – Zwei Tage später telefoniert mir die
Mutter: „Aus Barbaras Nase kam viel Blut . . ."
Ernst ist 14jährig und Sekundarschüler. Er leidet unter schweren Depressionen, an Kopfweh
und an Schwindel. Die Sache steht so schlimm,
daß er seit Monaten keine Schule mehr besu-
chen kann und unfähig zu jeder Arbeit ist. Der
Arzt behandelt Ernst mit Psychopharmaka,

vergeblich. Die Eltern fragen mich um Rat. Ich stelle einmal Blutzucker und Gallensteine fest. Wie man die beseitigt, war bald gesagt. Dann aber kommt die schlimmste Störung: der Bluterguß im Kopf – Ernst ist leidenschaftlicher Turner und Radfahrer.

Die Eltern taten genau so, wie ich ihnen geraten hatte, auch, daß sie mit den Medikamenten noch nicht aufhören dürften; dies zu bestimmen sei Sache des behandelnden Arztes. Noch zweimal im Verlauf von elf Monaten telefonierte die Mutter. Dann aber stellten sie den vollständig geheilten Sohn vor.

Der schwerste Fall war wohl Edgar. Er war 17 Jahre alt, als er einen schweren Autounfall mitmachte. Edgar lag fünf Wochen im Koma und die Knie waren gelähmt. Die verzweifelte Mutter klagte mir ihr Leid und bemerkte, daß die Ärzte nach dem Stand der Diagnose ihrem Sohn keine Überlebenschance mehr gäben. Ich stellte vor allem den Bluterguß im Kopf fest. – Die Eltern fanden einen zugänglichen Arzt, der die Kopfmassagen mit Olivenöl erlaubte – für ihn ein interressantes Experiment; wenn kein Erfolg, so doch kein Schaden!

Ein Dreivierteljahr verging, Edgar geht wieder ungehindert, und der Kopf arbeitet normal. Die Eltern hoffen, daß sich nun auch noch die Augen im Sehwinkel ausgleichen und Edgar wieder ein gesunder, froher Mensch wird.

Da ich nicht ewig auf Erden lebe und überhaupt außerstande bin, allen mündlichen und schriftlichen Anfragen Rede und Antwort zu stehen,

möchte ich allen gegenwärtigen und zukünfti-
gen Fragestellern das Folgende sagen: Wo immer nach einem Unfall oder einem Schlag auf
den Kopf Migräne, Kopfweh, Schwindel, Seh-
und Hörstörungen auftreten, darf man unbe-
denklich und ohne ein Risiko bei Erwachsenen
und Kindern die Kopfmassagen mit Olivenöl
und die Auflagen mit Kohlblatt anwenden. Diesen Rat darf ich mit gutem Gewissen, aus meiner langjährigen Erfahrung heraus, allen geben.

Ich möchte aber erneut darauf aufmerksam
machen, daß nach erfolgreich abgeschlossener
Kur nachträglich nochmals Schmerzen auftreten können. Sie kommen davon, daß sich wieder überschüssiges Gehirnwasser gebildet hat.
Was tun? Man legt wieder zwei bis drei Monate
nachts Kohlblatt auf den Nacken und massiert
am Morgen den Nacken bis zum Haar hinauf gut
mit Olivenöl ein, und das Übel ist behoben.

Immer gibt es Leute, die annehmen, daß mit einer einmaligen Kur nun alles wieder gehe, wie
man es wünscht. Das kann wohl sein, ist aber
bei weitem nicht immer der Fall, denn schwa-
che und angeschlagene Organe müssen auch
nach der Kur weiter behandelt werden. Der gesunde Menschenverstand muß doch einsehen,
daß bei schwacher Leber und Galle und bei
empfindlichem Magen eben immer Diät beachtet werden muß. Ebenso muß auch die
ganze Lebensweise seinem empfindlichen
Nervensystem angepaßt werden.

Wenn aber nicht alles nach Wunsch und Willen in Gang kommt, heißt es Geduld haben und sich Gottes Willen fügen. Ein Kreuz steht täglich auf unserem Lebensweg. Und nicht nur vollständige Heilung, sondern schon Linderung soll uns dankbar machen. – Oder möchten wir durch unser ständiges Jammern und Klagen – ich wende mich hier besonders an ältere Leute und an chronisch Kranke – das Verdienst für die Ewigkeit verlieren?

Kinderlosigkeit

Noch gibt es sie, jene Leute, die an ihrer Kinderlosigkeit schwer leiden. Kinder zu haben, in den Kindern weiterzuleben, ist doch letztlich der Sinn und die Erfüllung der Ehe. Kinder sind sichtbar gewordene Liebe, sagt ein altes Sprichwort.

Ich werde öfters von Ehepaaren gefragt, denen bis zur Stunde der Ehesegen versagt blieb. Gegen Kinderlosigkeit läßt sich, wie bei vielen anderen Gebrechen, kein Generalrezept geben. Die möglichen Ursachen von Kinderlosigkeit müssen von Fall zu Fall untersucht und festgestellt werden. Schon in meiner ersten Schrift habe ich darauf hingewiesen, daß unterirdische Wasserläufe, über denen Menschen schlafen, die Ursache sein können. Diese Erfahrung ist nicht neu. Schon vor vielen Jahren pflegte ein Tiroler Bauerndoktor Ehepaaren, die keine Kinder bekamen, zu sagen: „Solang ihr eure

70

Betten nicht umstellt, kriegt ihr keine Kinder."
Mehrmals stellte auch ich diese Tatsache fest.
Nach Isolierung der Wasseradern trat dann die
erwünschte Fruchtbarkeit ein.

Aber dort, wo Kinderlosigkeit herrscht und
keine Wasseradern festgestellt werden, was ist
da zu tun? In den letzten Jahren habe ich in
mehreren Fällen als Ursache der Kinderlosigkeit bei Frauen entweder einen Bluterguß im
Kopf oder Überdruck im Kleinhirn festgestellt.
Die hormonalen Geschlechtsfunktionen werden nämlich von der sogenannten Hypophyse,
der Hirnanhangdrüse, einem kirschengroßen
Gebilde, gesteuert. Ist nun diese Drüse durch
das von einem Sturz oder Schlag herrührende
geronnene Blut blockiert, sind auch ihre Funk-
tionen teilweise oder ganz gestört. Ich stellte
regelmäßig bei Frauen, die an diesen Störungen
litten, bis zum Beginn der Wechseljahre auch
mehr oder minder starken Weißfluß fest. – Sofern nicht ein Eierstock- oder Eileiterschaden
vorliegt, müßten zur Überwindung der Kinderlosigkeit aus dem Kopf das geronnene Blut und
überschüssige Gehirnwasser ausgeführt werden. Ich habe schon mehrere Dankschreiben
erhalten, wo auf diese Behandlung hin gesunde
Kinder zur Welt gebracht werden konnten.
Ebenso hörte nach dieser Behandlung dann
auch der Weißfluß auf.
Ich kann unmöglich auf alle Anfragen antworten. Es sind mir klare Grenzen gezogen. Aber
ich möchte jenen Leuten, die wegen Blutergüssen den Kopf mit Olivenöl behandeln müssen,

eine **Faustregel** angeben: In den allermeisten Fällen lassen sich diese Blutergüsse beseitigen, wenn praktisch der ganze Schädel von der Stirn über den Scheitel, um die Ohren bis hinunter zum Kiefer sowie Hinterkopf und Nacken drei Monate lang kräftig mit Olivenöl einmassiert werden, sodaß der Haarboden, die Kopfhaut, richtig naß wird. Man lese nach, was ich auf den Seiten 51 bis 54 in meinem Buch „Helfen und Heilen" vermerkt habe.

Sexuelle Überreizungen

Es wird sie – die Ursachen mögen sehr verschieden sein – zu allen Zeiten gegeben haben. Heute aber sind sie zu einem weitverbreiteten Übel geworden. Ich will mich nicht in Einzelheiten verlieren und eigentliche Perversionen zur Sprache bringen. Eines ist natürlich sicher: der heutige Sexkult trägt große Schuld an den so zahlreichen Sexualneurosen. Papst Paul VI. hatte sicher recht, wenn er sagte: „Man entsexualisiere die Öffentlichkeit und viele sexuelle Probleme lösen sich von selbst." Was Alkohol und Rauschgift auf dem Gewissen haben, ist uns ebenso sattsam bekannt. Wenn nicht eine große und entschiedene Wendung kommt, vernichten sich die Völker des Westens selbst.
Ich möchte hier nur einen kurzen Hinweis für jene gutwilligen Leute geben, denen bei allem guten Willen die Beherrschung des Geschlechtstriebes eine fast unmögliche Sache

zu sein scheint. Sicher spielen da bei Männern und Frauen Störungen der Hirnanhangdrüse entscheidend mit. Man müßte also in solchen Fällen die gleiche Behandlung wie bei Kopfblutungen und Überdruck im Kleinhirn anwenden. Erfahrungsgemäß haben solche Behandlungen bereits guten Erfolg gebracht.

Krankheit und Charakter

Wir Menschen sind manchmal mit unserem Urteil sehr rasch fertig. „Da seht, diese und jene Person! Täglich rennt sie zur Kirche, und zu Hause ist sie der reinste Drachen!" Nun sei zugegeben, daß es solche Leute gibt. Aber hüten wir uns vor einem selbstbewußten, ungerechten Richterspruch! Unser Herr und Heiland hat einmal den Pharisäern geantwortet, als sie über das angeblich ungebührende Verhalten der Jünger herfielen (sie hatten an einem Sabbat, hungrig, wie sie waren, beim Gang durch ein reifes Ährenfeld einige Ähren gerupft): „Hättet ihr alles gewußt, so hättet ihr nicht Unschuldige verurteilt."

Mehr als wir gemeinhin meinen, können Krankheiten den Charakter auch des besten Menschen zum Unguten verändern. Ich entsinne mich aus meiner Jugendzeit eines Falles, wo eine ledige, sehr intelligente, aber charakterlich unmögliche Person überall Unfrieden stiftete. Sie war in der ganzen Verwandtschaft und Bekanntschaft verrufen und gemieden. Als sie 60 Jahre alt war, starb sie innerhalb weniger Tage. Die Ärzte untersuchten den Fall. Eine Frau, die sich dieser Person immer wieder angenommen hatte und auch dafür sorgte, daß sie ins Spital überwiesen wurde, regelte nach ihrem Abscheiden das Notwendige. Einer der Ärzte fragte sie so nebenbei: „Hatten Sie mit dieser Person nie Schwierigkeiten?" Die Gefragte wich aus und antwortete: „Sie ist nun tot, und über die Toten wollen wir nichts Nachteiliges sagen." Der Arzt aber erklärte ihr: „Ich frage ja nicht aus Neugierde; ich wollte Ihnen nur sagen, daß es ein Wunder gewesen wäre, wenn diese Person einen gutartigen und verträglichen Charakter gehabt hätte." „Warum?" wollte die Frau wissen. Der Arzt: „Weil sie eine vollkommen mißbildete Leber hatte!" – Nichts kann also den Charakter eines Menschen derartig ungünstig beeinflussen wie ein krankes Drüsensystem.

Was also im vorangegangenen Kapitel schon antönte: Man soll bei jähzornigen, tobsüchtigen und widersetzlichen Menschen, Kindern und Erwachsenen nicht gleich den Teufel vermuten und von Besessenheit reden. Wir sollten doch wissen, daß die sogenannten Geisteskrankheiten normalerweise organischer Art sind. Bei richtiger Behandlung, beim Erfassen des Übels an der Wurzel, sollten diese Krankheiten grundsätzlich heilbar sein oder doch mindestens Linderung finden. Was zurückbleibt, muß in christlicher Geduld ertragen werden. – Ein wenig muß ich immer lachen, wenn ich des hl.

Petrus' Ermahnung lese: „Ihr Diener, seid euren Herren untertan mit allem Respekt, und nicht nur den guten und freundlichen, sondern auch den galligen." Der hl. Petrus hatte bei dieser Bemerkung wohl die „Regierenden" beider Geschlechter im Auge!

Wenn ein sonst herzensguter Mensch im Alter launisch und unberechenbar wird, dann rechnen wir ihm dies nicht an, sondern bedenken, daß Arterienverkalkung und Urämie seine geistige Tätigkeit schwer belasten. Und: Wissen wir selber, wie wir einmal im Alter sein werden? Seien wir also barmherzig und zurückhaltend im Urteil und üben unsere größte Christenpflicht, die Liebe. – Muß aber aus irgendeinem rechtmäßigen Grund um der Ordnung willen einmal strenger vorgegangen werden (dem Einzelwohl geht das Gemeinwohl vor!), dann bleiben wir der Mahnung des hl. Paulus eingedenk: „Ihr Herren, laßt das Drohen, denn auch ihr habt über euch einen Herrn, dem ihr einst Rechenschaft abzulegen habt."

Freilich üben auch Friede oder Unfriede in einer Familie einen wesentlichen Einfluß auf den Charakter der heranwachsenden Jugend aus. Unser guter alter Abt Beda Hophan, ein bewährter christlicher Erzieher, machte uns einst auf einen offensichtlichen Fall aufmerksam. Er stellte nämlich bei einem sonst gut talentierten und fleißigen Studenten einen unerklärlichen Leistungsabfall fest. Er ließ den betreffenden Studenten zu sich kommen und hielt mit ihm eine Aussprache. Der Bub bekannte ihm, daß seine Eltern in Scheidung lebten, und dies beschäftige ihn so, daß er sich nicht mehr auf die Arbeit konzentrieren könne.

Dämonisches?

Man muß sich bei Krankheitssymptomen nervöser Art und bei entsprechend abnormalem Verhalten sehr hüten, gleich auf Einwirkungen der bösen Geister zu schließen! Ich kenne den Fall eines Knaben, der sehr unleidig war und sich ganz rabiat benehmen konnte. In der Schule war er ein vollständiger Versager, und besonders schlimm war es im Religionsunterricht. Was lag da näher, als zu vermuten, der Teufel sei mit im Spiele und der Bub müsse wohl besessen sein. Ein Exorzist hatte sich bereits gemeldet. Ich stellte aber bloß einen Überdruck im Kleinhirn fest; überdies litt der Bub an Gallensteinen. Wenn die Eltern taten, was ich ihnen riet, müßte der Bub schon längst gesund sein. Falls er im Religionsunterricht immer noch versagte, müßte man vielleicht einmal psychologischen Gründen nachspüren, die unter Umständen auch die Eltern einschließen. – Zu diesem will ich mich nicht weiter äußern. Ich führte ihn nur an, um zu mahnen: Vorsicht, wenn man den Teufel miteinbezieht!
Damit möchte ich aber dem Teufel und seinem Anhang nicht den Abschied gegeben haben. Bei allem abgründigen Bösen, das auf Erden geschieht, steht er sicher Pate. Der große deutsche Theologe Matthias Scheeben sagte einmal

76

zu Recht, daß man die scheußlichen Perversionen, die durch die Jahrhunderte geschahen und sich in der heutigen Zeit besonders kraß fortsetzen und außerdem hemmungslos in den modernen Massenmedien aller Öffentlichkeit preisgegeben werden, nicht so sehr der menschlichen Natur anlasten dürfe; hier zeige sich der Einfluß des Dämonischen in seiner ganzen Brutalität. – Soweit Scheeben. – Nicht aber darf und soll man bei Erkrankungen des Gehirns und bei gestörten Drüsentätigkeiten gleich das Wirken des Teufels vermuten. In rechter Weise sollen wir dem Teufel insofern den Abschied geben, als wir ihm in aller Form widersagen und uns seinen Einflüsterungen verschließen.

Grundsätzliches
zu heutigen Auffassungen

Der menschliche Leib ist ein Wunderwerk der göttlichen Allmacht und Weisheit. Staunen muß uns jedesmal überkommen, wenn wir die wunderbare Vielfalt der Organe und ihrer Tätigkeiten betrachten, stets bezogen auf die Gesamtheit des Menschen, auf seine Erhaltung und auf die Weitergabe des Lebens. Weil der Leib ein so großes und wunderbares Geschenk Gottes an uns Menschen darstellt, haben wir auch die Pflicht, für ihn gebührend zu sorgen. Wir sind dafür vor Gott verantwortlich, und wer Leben und Gesundheit mutwillig aufs Spiel setzt oder den Leib durch ein Lasterleben zugrunde richtet, lädt schwere Schuld auf sich. Es ist heute große Mode, vom Recht auf Lust und vom Recht der Frau auf den eigenen Bauch (ein Wort, furchtbar und abscheulich in einem) in die Welt hinauszuschreien und dafür in aller Öffentlichkeit Propaganda zu machen. Wer den gesunden Menschenverstand nicht verloren hat, wird aus der Betrachtung der ganzen Schöpfung erkennen, daß Essen und Trinken und die Geschlechtlichkeit nicht Selbstzweck sind, sondern ausgerichtet sind auf die Erhaltung und Weitergabe des Lebens. Wenn sie von Lust begleitet sind, entspricht es der Weisheit und Güte des Schöpfers, daß ihm die Menschen Dank sagen.

Recht auf Lust?

Der hl. Paulus sagt darüber ein entscheidendes Wort: Die Speise ist da für den Magen und der Magen für die Speise. Beides wird Gott der Vergänglichkeit preisgeben. Der Leib ist aber nicht da für die Unzucht, sondern für den Herrn, und der Herr für den Leib . . . Euer Leib ist ein Tempel des Hl. Geistes, der in euch wohnt. Ihn habt ihr von Gott, und deshalb gehört ihr nicht euch selbst. Denn um einen hohen Preis seid ihr erkauft. So ehret Gott mit eurem Leib (1 Kor 6, 13 ff).

„Recht auf den eigenen Bauch?" Wiederum hat der hl. Paulus das Wort, und zwar so, als ob er's just für unsere Zeit geschrieben hätte: Wandeln doch viele als Feinde des Kreuzes Christi. Ihr

Ende ist das Verderben, ihr Gott ist der Bauch, sie prunken mit ihrer Schande, nur Irdisches sinnen sie (Phil 3, 18 ff).

Sorglosigkeit gegenüber der Gesundheit

Man kann durch ein Zuwenig wie auch durch ein Zuviel fehlen. Dies gilt für das persönliche wie für das soziale Leben, und es gilt ebenso für die Belange, welche die eigene und die Gesundheit des Mitmenschen betreffen.

Ich erfahre es täglich, daß Leute berichten, die angeratene Kur habe nichts geholfen, es liege alles noch im argen wie vorher. Nur schade, daß ich den Leuten nicht in die Karten schauen kann. Kommt da ein junges Paar, er dreißig, sie zwanzig; sie sind Verlobte. „Vor einem halben Jahr haben wir Sie gefragt, und es hat sich noch gar nichts gebessert", so jammert das Fräulein. – Ich nehme meinen früheren Rapport zur Hand und vergleiche mit meinen jetzigen Feststellungen. „Gar nichts ist gemacht worden seit dem letzten Besuch! Einzig die Mundbläschen sind verschwunden!" so sage ich trocken. Das Fräulein wird rot und bekennt: „Es ist wahr. Ich habe nur die Mundspülungen mit Salzwasser gemacht, und das hat geholfen." „Also, warum kommt ihr dann überhaupt her?" ...

Oder da kommt ein Mann mittleren Alters. „Wo tut's weh?" „Oh, der Magendruck! Es ist immer noch das gleiche wie vor zwei Monaten, wo ich Sie gefragt habe." Ich frage: „Wie steht's, keinen Speck mehr gegessen, kein Bier mehr getrunken?" Der Mann fährt erbost auf: „Wollen Sie mich denn verhungern und verdursten lassen?" – Fast hätte ich gesagt, was einmal im Evangelium steht: „Warum bemühst Du dann den Meister?" ...

Jemand ist schriftlich ermahnt worden, sich wegen eines Leistenbruches zu schonen. Und schon ertönt am Telefon die wehleidige Stimme einer Dame: „Oh, ich habe wieder so gräßliche Schmerzen in der linken Leistengegend. Helfen Sie mir doch um Gottes willen!" Ich kenne das und frage: „Haben Sie die Olivenölmassagen richtig gemacht und die zwei Monate durch, wie ich angeraten habe?" „Ja, sicher", jammert wieder die Stimme, „aber wissen Sie, letzte Woche war die Waschmaschine defekt, und ich mußte alles von Hand waschen. Als ich die schweren, nassen Leintücher aufhängte, krachte es plötzlich in der Leistengegend – oh, diese Schmerzen! Die Bodenteppiche sind auch viel zu schwer, ich sollte sie nicht immer allein aufnehmen und ausbürsten müssen." „So gehen Sie jetzt unverzüglich zum Arzt und lassen den Bruch operieren!" Ich lege den Hörer auf und sage leise für mich: „Opfer der Putzwut! Bist selber schuld!"

Gesundheitsskrupulanten

So geht's auf der einen Seite. Dann gibt es Leute, die ein Zuviel für ihre Gesundheit tun.

80

Kommt ein ziemlich beleibter, kräftig gebauter, robuster Mann her. Er hat ein akademisches Studium hinter sich. Im Gegensatz zu seiner kräftigen und muskulösen Leiblichkeit hat er rosige Patschhände wie ein Kind. Ich weiß genug. Nun erzählt er mir umständlich, welche Leiden ihn plagten, und dann kommt die obligate Frage: „Habe ich vielleicht nicht schon Krebs oder einen Tumor?" Und dann öffnet er mit seinen fetten rosigen Fingern, die leise zittern, eine Tasche. Dann legt er leere Fläschchen, Schächtelchen, mit grünen, roten und gelben Pillen gefüllte Papiersäcklein auf meinen Tisch. Ich zähle 13 Sorten! Er nehme periodisch diese Medikamente, die ihm von verschiedenen Ärzten verschrieben worden seien, darunter auch von solchen aus dem Ausland. Ich müsse ihm nun sagen, was ihm grundsätzlich fehle. Ich müsse ganz offen reden und dürfe in keinem Fall etwas verschleiern. Er wolle die volle Wahrheit über seinen Zustand wissen, und er sei auf alles gefaßt! – Der gute Mann wanderte also durchs Inland und Ausland von Arzt zu Arzt und bedachte bei dieser Gelegenheit auch mich mit seinem Besuch. Ich dachte bei mir: „Dagegen gibt's kein Kraut!"

Den schlimmsten Fall habe ich erlebt, als mir eine Frau 14 verschiedene Medikamente auf den Tisch zählte. Aber da war nicht sie selber schuld. Sie wurde einfach von ihrem Spezialisten in der Weise instruiert. Immerhin konnte ich deren acht als schädlich streichen! Weiter hörte ich dann nichts mehr . . .

Eine Frau rief jeden zweiten Tag wegen ihres Mannes an. Ich hatte ihr einst gesagt, was man gegen die verschiedenen Gebresten tun müsse, die nicht der Kontrolle des Arztes unterstanden. Dort freilich, wo der Arzt angerufen ist, muß gemacht werden, was der Arzt sagt! Denn mit Herzsachen lasse sich nicht spaßen, und für solche Dinge könne ich auch keine Verantwortung übernehmen. – Nun erzählt die Frau umständlich, daß ihr Mann wieder so ein komisches Brennen im Unterleib spüre, ein Brennen, das doch eine Zeitlang verschwunden sei. Was es sein könne? Doch hoffentlich nicht Krebs? Darüber hatte ich den Mann schon mehrmals an den Arzt verwiesen, aber auch zwei Spezialisten fanden nichts Bösartiges heraus. Ich versicherte der Frau, daß ich nichts weiteres feststelle als eben Nieren- und Blasengrieß, welches das Brennen beim Wasserlösen verursache. „Kann denn der Mann nicht selber ans Telefon kommen, daß ich mit ihm sprechen kann?" „Oh, das wagt er nicht, er hat immer Angst!" Nun habe ich genug und bitte, mich künftig in Ruhe zu lassen.

Es gibt tatsächlich Leute, die einfach übertreiben, die Gesundheitsskrupulanten, Hypochonder sind, denen nicht beizukommen ist. Täglich kontrollieren sie mehrmals Außen- und Innentemperatur und tragen für jeden Wärme- oder Kältegrad einen besonderen Anzug. Vielleicht kalkulieren sie auch noch die herrschende Windstärke mit ein! Sie messen jeden Morgen und jeden Abend ihre Körpertemperatur und führen darüber genau Buch. Dreimal am Tag stehen sie auf der Waage und kontrollieren ihr Körpergewicht. Und haben sie wieder einmal ihrer Leiblichkeit in unvernünftigem Maße Speise zugeführt, rennen sie gleich zum Arzt und verlangen Medikamente zur Verringerung ihres Übergewichtes. Ebenso schreiben sie auf, wie oft sie Stuhlgang hatten und Wasser lösen mußten. Mit Augen und Nase untersuchen und beschauen sie täglich Nachtgeschirr und WC-Schüssel. Und bei Tisch und im Salon erzählen sie, welche Abnormitäten sie wieder festgestellt hätten.– Arme Menschen, die nichts Gescheiteres zu tun haben, als sich selber krank zu machen und sich so unvernünftig zu plagen! Es gibt auch Menschen, die ein krankhaftes Bedürfnis haben, sich von allen bemitleiden zu lassen, die ein abgründiges Behagen spüren, wenn sie sich selber quälen und den Mitmenschen das Leben sauer machen, in sich eingesponnen, Egoisten und Querulanten. Vielleicht stellten solche Leute einmal mit Vorteil eine Gewissenserforschung an über soziales Verhalten . . .

Der Frosch im Magen

Eine Geschichte, die ein witziger alter Südtiroler Geistlicher einst zum besten gab, möchte ich den Lesern nicht vorenthalten: Da war eine Gesundheitsskrupulantin, die jede Woche mit einem neuen Leiden zum Hausarzt kam. Eines

Tages kam sie mit der Frage: „Herr Doktor, ich fühle immer eine Unruhe im Magen. Wäre es nicht möglich, daß ich einen Frosch im Magen habe?" Der Arzt kannte seine Patientin und sagte: „Natürlich, gnädige Frau, das wäre sicher möglich. Wissen S' was? Kommen S' am nächsten Dienstag her, da pumpe ich Ihnen den Magen aus, und da kommt der Frosch sicher zum Vorschein." Die Dame war einverstanden. Der Doktor gab nun einem Buben den Befehl: „Fang mir im Ried draußen einen Frosch!" Der Bub tat das und brachte den Frosch. Pünktlich stellte sich die Dame am besagten Dienstag ein. Der Doktor hatte die Schachtel mit dem Frosch in nächster Nähe und begann nun, den Magen der Dame auszupumpen. Unbemerkt brachte er den Frosch in das Gefäß mit dem Mageninhalt. „Schauen S' da, gnädige Frau, wir haben ihn!" Und nach einer Weile: „Spüren S' nicht eine gewisse Erleichterung?" „Doch", sagte die Dame, „es ist mir leichter geworden. Aber es ist mir, als ob ich immer noch etwas Lebendiges im Magen hätte. Sagen S', Herr Doktor, könnte der Frosch nicht Junge gehabt haben?" Dann nahm der Arzt den Frosch, betrachtete ihn umständlich, wendete ihn nach rechts und links und nach oben und unten, und dann sprach er: „Bleiben S' ruhig, gnädige Frau, 's ist ein männlicher Frosch!"

84

Der überforderte Pendler

Anders freilich verhält sich die Sache, wenn es sich um einen kritischen Fall handelt. Da ist eine tägliche oder mindestens wöchentliche Kontrolle vonnöten. Aber solch kritische Fälle darf ich gar nicht annehmen. Wo ich ratend helfen kann, liegen meist alte und verschleppte Leiden vor, Leiden, um deren Beseitigung sich die Ärzte vergeblich mühten. Ich begreife zwar jene Leute, die in einer kritischen Lage das Letzte versuchen und als letzte Möglichkeit mich um Rat angehen. Aber da bin ich einfach überfordert. Wie könnte und dürfte ich einen hoffnungslos Krebskranken übernehmen und der Kontrolle des Arztes entziehen? Was will ich überhaupt bei Krebs, wo bereits Metastasen (Streuungen) vorhanden sind, unternehmen? Was, wenn ein Kranker bei rapider Gewichtsabnahme schon zum Skelett abgemagert ist? – Und das möchte ich allen Ratsuchenden ans Herz legen: Wo gegen Krebs Bestrahlungen vorgenommen wurden oder noch im Gange sind, lasse man mich in Ruhe; hier versagt erfahrungsgemäß das Pendel, und ich möchte niemandem mit falschen Versprechungen irreführen.

Ich erhalte auch immer wieder Briefe von alleinstehenden alten Menschen, die unter Gicht und Arthritis leiden. Gewöhnlich klagen sie, daß ihnen niemand beim Einreiben behilflich sei, und allein vermöchten sie es nicht mehr. Sie sollten mir nicht mehr schreiben, da ich sie nicht mit leeren Versprechungen enttäuschen möchte. Irgendwo sind Grenzen, die ein Sterblicher nicht überschreiten kann. –

Moderne Sklaverei

Es gibt Menschen, oft liebe, gute Menschen, die nach den Worten des hl. Paulus wieder unter die Herrschaft der Elemente zurückkehren (Gal 4, 9). Da schwört jemand auf den sogenannten Biorhythmus. Ich will ihn grundsätzlich gar nicht in Zweifel ziehen. Die Feststellungen über ein periodisches Auf und Ab im Menschen mögen der Wirklichkeit entsprechen. Verfehlt wird's aber, wenn der Mensch sich in seinen Unternehmungen dem Biorhythmus verschreibt und sein Sklave wird. Denn ob wir ein „Hoch" oder ein „Tief" haben, die tägliche Arbeit ist da und verlangt ihre Erledigung. Der Arzt kann bei einer Notoperation weder den eigenen noch den Biorhythmus des Patienten berücksichtigen. Entscheidungen können in vielen Fällen gar nicht aufgeschoben werden. – Mag ein Mensch nun auch in einem augenblicklichen Tief drinstehen, so hat er doch ein solches Quantum an Lebensenergie mitbekommen, womit er ein Tief durch seine Willenskraft überwinden kann. Ein augenblickliches biorhythmisches Tief hebt beim normalen Menschen (und das wollen wir doch sein!) die Willensfreiheit nicht auf!
Wieder andere – und sind sie Armee – machen sich sogar vom Horoskop abhängig, also vom

Stand und Lauf der Gestirne. Sonne und Mond haben natürlich einen bestimmten Einfluß auf den Menschen, je nach Empfindlichkeit seines Nervensystems. Die qualvollen Nächte der Mondsüchtigen sind keine Einbildung. Daß sich aber ein Mensch in seinen Unternehmungen vom Lauf der Planeten und des sogenannten Tierkreises abhängig macht, ist wirklich eine Rückkehr zum Heidentum. Denn wie ein weit von uns entfernter Stern, sei es nun ein Planet oder ein Fixstern, auf unser Leben Einfluß haben soll, ist mir nicht einsichtig. Überdies wissen wir, daß die Planetennamen und die sogenannten Tierkreiszeichen willkürliche Deutungen der Menschen vorchristlicher Zeiten sind, die in sich überhaupt keine Wirklichkeit haben. Sie sind nichts als dichterische Phantasie. – Wenn ich mich aber gegen den Gebrauch des Horoskops wende, dann bekomme ich zu hören: Dies und jenes Unglück wurde mir aus dem Stand der Sterne geweissagt, und es traf wirklich ein. Dagegen sage ich: Weil es dir vorhergesagt wurde und du es wußtest, hat dich die Angst zum Unglück disponiert. – Hättest du nichts gewußt, wäre gar nichts passiert! Etwas ist mir besonders beim Horoskop nicht einsichtig: Die Geburtsstunde solle entscheidend sein. Ich hielte die Stunde des Werdens im Muttcrschoß für viel entscheidender. Denn bei der Geburt ist der Mensch ein fertig ausgebildetes Wesen, und was da die unschuldigen Sterne, die doch auf ihren Warten leuchten und Gott mit ihrem Glanz preisen, beim Menschen zu bestimmen hätten, das will mir nicht in den Kopf. – Hingegen weiß ich, daß die Engländer im Zweiten Weltkrieg um den Horoskopglauben Hitlers wußten und ihre Unternehmungen jeweils dann mit Erfolg starteten, wenn er kraft seines Horoskops an ungünstigen Tagen nichts zu unternehmen wagte! – Aber wer fügt sich der Einsicht? Kam da vor Jahren ein Mann, ein praktizierender Christ, zu mir und eröffnete mir mit gefurchter Stirne: „Herr Pater, ich bin der bedauernswerteste Mensch auf Erden!" „Warum?" wollte ich wissen. „Hat Sie das Leben so hart angepackt?" „Nein, das nicht", sagte der Mann, „aber im Zivilstandsbuch ist meine Geburt auf den 25. Jänner eingetragen, im Taufbuch aber ist der 24. Jänner vermerkt. Und so kann ich nie ein Horoskop gebrauchen."

Sport und Studium

Man redet dem Sport das Wort. Sport? Soweit schon recht! Aber was nützen die in Schnee und Wintersonne verbrachten Stunden, wenn abends in rauchigen und dampfigen Lokalen gefestet und getanzt wird? Das tat auch ein Mädchen. Erhitzt, wie es war, trat es in die Winterkälte hinaus, unterhielt sich noch eine Zeitlang mit Burschen, holte sich dabei eine schwere Brustfellentzündung und mußte über ein Jahr in einem alpinen Sanatorium kuriert werden ... Man geht ins Hallenbad, bleibt dort eine geraume Zeit im warmen Wasser und im Dunst; mit noch feuchtem Haar und dünstender Haut begibt man sich in den Wind und in eine Unter-Null-Temperatur und holt sich den schönsten Husten oder eine tiefsitzende Bronchitis … Sehr schwere Sünden gegen die Gesundheit begehen Studierende. Meist sind's nicht die Faulen, sondern die Fleißigen. Um keine Zeit zu verlieren, setzen sie sich gleich nach der Mahlzeit an den Studiertisch und brüten über ihren Aufgaben. Sie vergessen dabei, daß nach dem Essen das Blut in den Magen gehört und nicht in den Kopf. In der Folge beginnt's in den Eingeweiden zu gären, weil der Magen nicht das genügende Quantum Blut erhält, und die Folge sind schwere Magen- und Darmgeschwüre und Gallenleiden.

Ein alter, erfahrener Landarzt sagte mir einmal: „Wer studiert, sollte sich täglich zwei Stunden im Freien aufhalten, sonst wird er unfehlbar krank." Also: nach dem Essen die Bücher zu und ins Freie! Schachspiel bei vollem Magen ist besonders unzuträglich, da es größte Denkanstrengung erfordert. Aber auch Wettläufe und harte körperliche Spiele gehören nicht nach dem Essen, weil sie den Mageninhalt aufrütteln und die Verdauung schwer stören. Stundenlanges schweres Turnen am Abend – wer staunt dann, daß der übereifrige Turner stundenlang keinen Schlaf findet!

Ich bin oft entsetzt, wenn ich die Jammerbilder solcher Unvernunft vor mir habe: Studenten und noch viel mehr Studentinnen, die ein ganzes Leben für die Sünden gegen ihre Gesundheit büßen müssen. Mache ich ihnen aber Vorhalte, antworten sie mir: „Wenn ich nicht studiere und die letzte Minute ausnütze, komme ich nicht durch." Ich antworte ihnen: „Viel besser kämet ihr durch, wenn ihr einen vernünftigen Ausgleich zwischen Studium und Erholung einhieltet."

Ein Wort zum Sonntag: Er sei und bleibe Ruhetag, befreit von der Fron des Alltags! Gerade weil ich seinerzeit meinen Studenten nie über den Sonntag etwas aufgab, arbeiteten sie viel williger und leichter. Der große Rhythmus, der die Natur mit sechs Tagen Arbeit und dem siebten Tag der Ruhe durchwirkt, sollte nicht nur für die handwerklich, sondern ebenso für die geistig Arbeitenden gelten. Und was die Schule insbesondere betrifft: Schulaufgaben in die Nacht hinein sind eine Unmenschlichkeit. Darf nicht auch der Schüler und Student seinen freien Sonntag haben? Natürlich immer vorausgesetzt, daß er die Woche durch ernstlich arbeitete!

Fremde Behandlungsmethoden

Wenn ich meine Behandlungsmethode darlege, wie ich es nun in zwei Schriften getan habe, dann bin ich mir zweier Tatsachen bewußt. Einmal darf ich nicht alles über einen Leisten schlagen; ich darf also nicht allen Ratsuchenden eine gleiche Behandlung anraten. Ich muß immer Rücksicht nehmen auf eine weitere Komponente, die subjektive Veranlagung eines

Menschen. Grundsätzlich ist kein Fall gleich wie der andere, so wie jeder Mensch sich in seiner Persönlichkeit vom andern unterscheidet und ein unwiederholbares, einmaliges Wesen darstellt. Ähnlichkeiten können bestehen, aber das Eigenwesen, das Individuum, bleibt. Das muß ich immer im Gedächtnis behalten, wenn ein Mensch vor mir steht. Ich darf also nicht im voraus sagen: Dieser Mensch hat dieses Leiden. In einem ähnlichen Fall half diese bestimmte Behandlung, also rate ich sie ohne eine weitere Untersuchung auch diesem neuen Patienten an. Es gibt also keine Patentlösungen im voraus! Wenn ich nun aber jeden Fall gesondert untersuche, brauche ich wesentlich mehr Zeit und Anstrengung, aber es bewahrt mich dafür vor Fehldiagnosen und vor falscher Behandlung. Ich darf also Ähnlichkeiten vermuten, darf mich aber auf sie nicht festlegen. Jeder Ratsuchende kommt zu mir als ein unbeschriebenes Blatt. Daß ich damit den richtigen Weg eingeschlagen habe, zeigt mir die Erfahrung.

Und ich weiß ein zweites: Was ich den Leuten anrate, ist eine unter mehreren, ja unter vielen Heilmöglichkeiten. Darum darf ich mich nicht stur einfach auf meine Methode verpflichten und alle anderen Heilmethoden ausschließen. Schon der gesunde Menschenverstand muß mir sagen, daß andere auch Erfahrungen gesammelt haben, daß sie unter Umständen viel tiefer in einen Bereich eingedrungen sind und Dinge wissen, die ich nicht weiß. Auf jeden Fall: Wenn ich erfahre, wie eine gewisse Heilmethode Erfolg hatte, dann lasse ich sie nicht nur gelten, sondern suche selber wieder etwas zu lernen und mein Wissen auszubauen.

Nehmen wir den Fall der Chiropraktik. Ich war selber einmal persönlich zugegen, wie ein anerkannter Chiropraktiker, der das Arztstudium hinter sich hatte und erst als Allgemeinarzt praktizierte, einen Patienten in einer Minute von seinem quälenden Kopfweh befreite. Ich war damals hingerissen und bin es heute noch. – Ein Chiropraktiker wird hingegen wieder selber wissen: Mit Chiropraktik allein kann ich nicht alles heilen. Es liegt vieles, aber nicht alles an der Wirbelsäule. Auch die Chiropraktik hat ihre klaren Grenzen. Gar nicht selten sind Fälle, wo Chiropraktiker nach anfänglichen Erfolgen ein Leiden noch verschlimmerten, indem sie, wie ich nachprüfen konnte, einen Krankheitsfall einfach verabsolutierten und darum den Patienten falsch behandelten. So zum Beispiel, wenn sie einen Kranken mit einer Rückenmarkentzündung derart strapazierten, daß er vor Schmerzen kaum mehr sein konnte, wo dann einzig Einreibungen mit Olivenöl halfen. Heute liegt die Akupunktur im allgemeinen Interesse. Man kennt ein Buch, das den Titel trägt: „Die machbaren Wunder". Es sind tatsächlich unglaubliche Erfolge erwiesen. Doch hat auch die Akupunktur, genau wie die Chiropraktik, ihre Grenzen. Einen Infektionsherd im Innern des Menschen kann man vielleicht derart isolieren, daß er für eine Zeit die gehinderte

Tätigkeit eines Menschen wieder freigibt. Damit ist aber der Patient noch nicht geheilt.

Indes kommen immer wieder Leute zu mir, die von der Akupunktur schwer enttäuscht sind. Umgekehrt erhalte ich Nachricht, daß Leute enttäuscht von mir weggingen und von der Akupunktur die ersehnte Hilfe erhielten.

Viele Leute schwören auf die Massagen mit Kirschwasser (Kirschenschnaps) und Salz. Tatsächlich sind merkwürdige und gut bezeugte Heilungen vorgekommen. Aber es gilt auch hier: Alles und jedes Übel bringen sie nicht weg.

Ich staune über die Erfolge berühmter Chirurgen, über ihr Wissen, über ihr Können und auch ihren Mut. Doch wissen wir, daß unter Umständen auch sehr fachmännisch ausgeführte Operationen mit einem Mißerfolg endeten.

Die Methode von Pfarrer Kneipp sel. hat mir immer sehr imponiert, und ich habe sie selber erfolgreich bei mir angewandt. Und doch ist auch sie nicht allein seligmachend. Es gibt Fälle, wo man von ihr sogar energisch abraten muß. Hunderte von Patienten haben wunderbare Hilfe von ihr empfangen. Gewisse Fälle aber vertragen diese Kur nicht; es mögen dabei subjektive und objektive Tatsachen mitspielen.

Wir hören von der heute starke Beachtung findenden Reizzonenbehandlung. Sie kann wirklich große Erfolge buchen, und sie ist einleuchtend. Aber alle Leiden vermag auch sie nicht zu heilen.

Viele Leute verwerfen alle chemischen Präparate und schwören einzig auf Naturheilmittel.

Ich muß gestehen, daß auch ich mit meinem ganzen Wesen mehr der Naturheilkunde zuneige, darf aber unmöglich sie allein gelten lassen. Ich muß selber Patienten in kritischen Lagen ermahnen, die chemischen Präparate zu nehmen, die der Arzt verordnet, weil sie allein imstande sind, eine Krise zu verhüten oder erfolgreich zu überwinden.

Rohkost war und ist bei vielen groß geschrieben. Ich kannte einen Rohköstler, der ausgerechnet, weil er nur Rohkost aß und nie etwas Warmes und Gekochtes, Magengeschwüre bekam. Heute spricht alles von biologischem Obst und Gemüse. Wehe, wenn ein Apfel vorgesetzt wird, der gespritzt ist! – Aber ich frage mit gutem Grunde: Ist denn ein schorfiger Apfel der Gesundheit zuträglicher als ein gespritzter, aber gesunder? Oder eine verwurmte Frucht? Ist die etwa ein Genuß? – Ein Barfüßler, Feind aller Schuhe und Strümpfe, holte sich ausgerechnet beim Barfußgehen auf einer ungespritzten Wiese den schönsten Fußpilz!

Was ergibt sich daraus? Man darf nie etwas verallgemeinern! Keine Methode ist unfehlbar, kein Heilmittel hilft bedingt in allen Fällen. Das macht uns selber bescheiden und andern gegenüber gerecht! Tatsachen sind Tatsachen und lassen sich nicht abstreiten. Es soll uns dabei nicht gehen, wie es dem alten Schopenhauer einmal erging. Ein Student sagte dem Professor anläßlich einer Vorlesung: „Herr Professor, ihre Theorie widerspricht den Tatsachen!" Schopenhauer antwortete: „Dann bedaure ich die Tatsachen!" Man darf also nicht unbedingt immer recht haben und im Recht sein wollen. Es gibt kein Rühmen und Prahlen mit Erfolgen; die Bescheidenheit steht jedem Menschen gut an. Gäbe es wohl so viel unnötigen Streit und so viele Verleumdungen, wenn gerade auf dem medizinischen Gebiet mehr Objektivität herrschte? Ein großer Geist erhebt sich über das Subjektive und anerkennt alles Richtige und Wahre. Er bricht also nicht den Stab über einen Magnetiseur, der nachweislich diese Gabe hat. Er anerkennt auch die Leistungen der philippinischen Heiler. Er weiß um das natürliche oder übernatürliche Charisma der Krankenheilungen. Er prüft, er behält das Gute. Er sagt nie ungeprüft: Das ist unmöglich. Er beugt sich klar erkannter Wirklichkeit. Er weiß, daß er selber Mensch ist und irren kann, und mit diesem Zugeständnis verliert er nichts an Autorität. – Als ich selber noch in jüngeren Jahren an unserer Klosterschule Griechisch dozierte, fragte ich einmal meine Schüler, ob sie den Unterschied zwischen Lehrer und Schüler wüßten? – Der Lehrer mache weniger Fehler als seine Schüler! Ich verlor dabei nicht, sondern gewann an Glaubwürdigkeit. – Je größer der Geist, umso universaler denkt er.

Mißtrauisch werde ich dann, wenn mit großem Geschrei für eine Heilmethode, für ein neues Heilmittel, Reklame gemacht wird. Man denkt dann unwillkürlich an Geldbeutel, die gefüllt werden möchten, weil die Dummen, die auf den Leim gehen, bekanntlich nicht aussterben.

Nach Jahren

Sie erscheinen wieder vor mir, all die Menschen, die einmal um Rat fragten, all jene, denen ich helfen konnte, aber auch jene, denen eine wirksame und bleibende Hilfe versagt blieb. Einige kamen wieder und fragten erneut um Rat. Nicht wenige sind bereits in die Ewigkeit hinübergegangen. Mit allen aber verbindet mich ein unsichtbares und unzerreißbares Band. Denn dieses Leben bedeutet kein Ende, sondern wird durch den Tod zum Übergang in die andere, bleibende Welt. Und wir glauben an die Gemeinschaft der Heiligen, derer, die noch in diesem irdischen Leben sind, und derer, die heimgehen durften. –

Ein großes Warum steht über mancher Begegnung, ein Fragen, warum es so kommen mußte, ein Fragen, das auf Erden meist keine Lösung findet.

Noch immer steht sie im Geiste vor mir, jene 35jährige Klosterfrau, die an allerhand Beschwerden litt, mehr, als ihr Alter vermuten ließ. Mit der ihr eigenen Ausdauer wurde sie wieder zu einem gesunden, frohen Menschen. Ein halbes Jahr nach ihrer Genesung durfte sie in die Berge ihrer Heimat in den verdienten Urlaub. Am letzten Ferientag, am festgesetzten Tag der Heimreise an ihre Arbeitsstätte war's, lud sie ein Pater ein; er habe den gleichen Weg mit seinem Auto, und wenn sie mit ihm fahre, sei sie viel rascher als mit Post und Bahn zu Hause. Sie setzten sich ins Auto. Niemand weiß, wie es genau zugegangen ist – der Pater verlor die Herrschaft über das Steuer, das Auto kollerte ein Bord hinunter. Man zog beide tot aus den Trümmern. Ja, warum? Ist es wohl das Geheimnis, daß der Mensch einfach abberufen wird, wenn seine Uhr abgelaufen, seine Erdenzeit erfüllt ist? Es muß wohl sein. – Oder wir haben jemand mit aller Mühe „zurechtgedoktert". Und schon kommt ein Dankesschreiben. Wenige Tage darauf kommt ein Bericht: Besagte Person mußte wegen Beinbruchs sofort ins Krankenhaus übergeführt werden. – Ein Kreuz mußte sein, entweder so oder so. Dem Kreuz kann man nicht ausweichen.

Die Post bringt einen schwarz umrandeten Brief. Alles hat man getan, um das kostbare Leben der Mutter zu retten. Ein untröstlicher Gatte, eine weinende Kinderschar trauert am Sarg der Mutter. Warum konnte niemand mehr helfen? Warum mußte es so sein? Die Ewigkeit wird die Antwort geben. – Was konnte ich tun? Krebs im letzten Stadium! Da ist keine menschliche Hoffnung mehr. Wohl kann ich beten und beten lassen und die hoffnungslos Kranke ins hl. Meßopfer einschließen. Es geht mir selber nahe, wie sich die Leute an einen letzten, vermeintlichen Helfer klammern und ich nicht helfen kann. Denn hier entscheiden nicht wir, sondern der Herr über Leben und Tod, der aus der Sicht der Ewigkeit entscheidet.

Mit Kindern kamen sie her. Wenn Kinder kommen, kommt hoffnungsvolles Leben. Kinder tragen Zukunft in sich, und Kinder machen die

Arbeit interessant, und mehr noch als bei den Großen erwacht hier ein spürbarer Wille zum Helfen. Sie kamen auch mit Kindern, denen nach dem Ermessen der Ärzte nicht mehr zu helfen war. Einigen konnte eine Zeitlang noch geholfen werden wie im Falle des siebenjährigen Giuseppe. Er war in Mailand im Sterben gelegen. Ich sagte dem Vater, wenn das Kind sowieso von den Ärzten aufgegeben sei, könnte er es doch nach Hause nehmen, und wer wisse, ob da gar nichts mehr zu machen sei? Der Vater tat's, und man führte meine Anweisungen durch. Giuseppe erholte sich, spielte mit den andern Kindern und ging zur Schule. Schon sagte der Vater: „Der Pater hat meinen Buben gerettet!" Ich sagte aber die Wahrheit: „Der Wettlauf zwischen Leben und Tod ist nicht abgeschlossen!"

Ich vergesse jenen Dreikönigsnachmittag nicht mehr, wo man mich nach Südtirol holte. Giuseppe war auf. Ich sah den Schnitt, den die Ärzte in Mailand durch den Unterleib des Kindes gemacht hatten. Nun aber hatte sich bei Giuseppe auf der linken Brustseite nach hinten eine große Beule gesammelt, wohl die Giftstoffe, die das Kabisblatt aus dem Leib zusammengezogen und an dieser Stelle konzentriert hatte. Ich konnte nur sagen: Der Arzt muß die Beule öffnen, dann ist Giuseppe gerettet. Doch der Arzt ließ die Sache gehen und unternahm nichts. Im April erhielt ich die Todesanzeige des Kindes. – Warum geschah nichts?

Unvergeßlich bleibt mir auch Karli, ein fünf-
jähriges Kind aus dem benachbarten Südtirol.
Man war mit dem Kleinen hergekommen und
hatte um Rat gefragt. Der Hals des Kindes war
dick geschwollen und vollkommen vereitert.
Nach dem Urteil der Ärzte war nichts mehr zu
machen. Der Atem des Kindes ging schwer: Es
bestand die Gefahr des Erstickens. „Man kann's
noch mit Kabisblättern probieren und auch die
total verschleimte Brust mit Olivenöl einmassieren und dem Kind viel Brusttee zu trinken
geben, aber garantieren kann ich nichts." Das
sagte ich und gab dem Kind den Krankensegen.
So gern hätte ich dem schwerkranken Buben
geholfen. Nach einer Woche kamen die Eltern
mit Karli nochmals her. Der Zustand hatte sich
weiter verschlimmert. Aber das Kind beharrte
darauf: „Ich will nochmals zum Pater." Noch
lange blieb der Geruch des Morphiums, das der
Arzt Karli zur Linderung der Schmerzen gegeben hatte, in meiner Zelle. Nochmals gab ich
den Segen, mehr konnte ich nicht tun. Nach
zwei Tagen berichtete man mir: Karli ist heim-
gegangen zum ewigen Vater. – Es war wohl eine
Gnade gewesen. Wer weiß, was aus dem Kind
geworden wäre, hätte es weiterleben können!
Ich konnte den untröstlichen Eltern auch nur
schreiben, was der hl. Paulus sagt: „Denen, die
Gott lieben, gereicht alles zum Besten", und:
„Drüben habt ihr wieder euer Kind."
Schließlich Robertli, ein Kind aus einem andern
Nachbarland. Sechs Jahre war er alt und ging in
den Kindergarten. Er war das jüngste Kind. Als

er aus dem Spital entlassen wurde, kam der Vater mit ihm her. Robertli hatte einen Kopftumor gehabt. Man hatte ihn operiert und nachher bestrahlt. Das Kind schielte stark. Ich riet, was zu raten war, vor allem Auflagen von Kabisblatt und Massagen mit Olivenöl. Merkwürdigerweise schien sich Robertli wieder zu erholen. Das Schielen verschwand fast völlig, und Kopfweh war keines mehr. Aber nach zwei Monaten wuchs der Tumor nach, die Schmerzen nahmen zu, und diesmal war alle Kunst wirkungslos. – Es kam auch hier ein Telefonanruf: Robertli ist gestorben.

Den Lebenden und Heimgegangenen verbunden

Die Jahre gehen dahin. Menschen kommen, Menschen gehen. Das Schicksal der Ratsuchenden ist mir nicht gleichgültig, ob sie nun noch in diesem Leben weilen oder aus ihm dahingeschieden sind. Sie gehören zu meiner großen geistlichen Familie. Oft mußte ich als Ordensmann an das Heilandswort denken: „Wer alles um meinetwillen verläßt . . . schon in diesem Leben wird er es hundertfach zurückerhalten." Mein Gebet geht auch zu den Seelen des Reinigungsortes, des Fegefeuers. Darum schätze ich es, wenn ich die Todesnachricht eines Menschen erhalte; vielleicht kann ich ihm jetzt mehr helfen als damals, als er noch auf Erden weilte und an seinem Erdendasein hing!

100

Wir wollen dieses Werk des Glaubens nicht geringschätzen; es ist nicht ein Geschehen am Rande, wie man heute oft glaubhaft machen will: Es gehört in die Mitte unseres christlichen Denkens und Fühlens wie jedes andere Werk der Barmherzigkeit. Folgen wir doch der Kirche! Das ausdrückliche Gedenken der uns mit dem Zeichen des Kreuzes Vorangegangenen ist in allen, auch den neuen Meßkanones, enthalten und gehört daher zur Substanz des Glaubens. Die Feier der täglichen hl. Messe ist für mich das größte Gnadengeschenk Gottes. Für mich ist es keine Zumutung oder gar ein hartes Müssen. Froh leiste ich diesen Dienst, weil er für die Lebenden die größte Segensquelle, für die lieben Heimgegangenen aber der größte Trost ist. – Die Seelen zeigen sich für diesen Liebesdienst sehr dankbar. Das kann ich aus eigener Erfahrung sagen. Oft muß ich auch an das Heilandswort denken: „Selig die Barmherzigen, denn sie werden Barmherzigkeit erlangen" und was der hl. Apostel Jakobus in seinem Briefe schreibt: „Die Barmherzigkeit triumphiert über das Gericht."

Drüben, in der seligen Gottesschau, werden wir die volle und leuchtende Wahrheit über das große Gesetz des Gebens und Empfangens erschauen und den gütigen Dreieinen Gott inmitten der Gemeinschaft der Heiligen für seine überreiche Gnade lobpreisen.

Über den Aufbau einer „Hausbibliothek"

Welche Faszination übt doch eine Hausbiblio-
thek aus! Hier stehen die Werke kleiner und
großer Geister geduldig nebeneinander, oft in
prächtigen Gewändern aufgemacht.
Genügt es aber, dafür zu sorgen, daß Bücher im
Hause sind? Was sind sie mehr als Blätter be-
druckten Papiers, solange sie unbenützt im
Schrank stehen? Lebendig werden sie erst in
dem Augenblick, da sie mit ihrem Leser in stille
Zwiesprache treten.
Welche Bücher brauchen wir unbedingt?

● Der Christ wird wohl als erstes sagen müssen: das Buch der Bücher, die *Heilige Schrift.*
Eine Familienbibel gehört ins Haus. Das steht
außer Zweifel. Auch sie muß zu einem „leben-
digen Buch" im obigen Sinne werden. Davon,
daß sie im Bücherschrank steht, wird die Familie nicht christlicher als die andere, die keine
Bibel hat.

● Wir brauchen *Nachschlagwerke,* in denen wir
uns informieren über Dinge, die wir nicht wissen und die man wissen sollte. Das aus Illu-
strierten und Zeitungsberichten gewonnene
Wissen kann einem ernst zu nehmenden Zeit-
genossen nicht mehr genügen, um mitreden zu
können, wenn andere sich über brennende
Probleme unterhalten.

● Wir brauchen *Bücher über Erziehungsfragen*
des Kleinkindes, Erziehungsprobleme der
Schulkinder und für die Reifejahre unserer

Heranwachsenden. Es hat keinen Sinn, wenn wir aus Unwissenheit unsere Kinder falsch verstehen und sie durch unglücklich gewählte Erziehungsmaßnahmen bockig oder innerlich verschlossen und einsam machen.

● Wir brauchen Bücher mit Anregungen zur *Familien- und Festgestaltung,* Bücher, in denen wir Basteleien und ähnliches finden. Wir brauchen für die Kinder selbst Bücher, die aber „Bücher der Kinder" sein müssen, der Stolz der Heranwachsenden: „Dies ist mein Bücherbrett mit meinen persönlichen Schätzen."

● Wichtig sind auch „*ärztliche Ratgeber",* Bücher, in denen wir Anregungen für eine richtige biologische Ernährung und eine gesunde, natürliche Lebensweise finden.

● Zu den unbedingt erforderlichen Büchern gehört aber auch das „*schöne Buch",* der Roman, das Kunstbuch, das wir uns einmal anläßlich eines besonderen Festes schenken lassen.

Abraham a Sancta Clara, der durch seinen köstlichen Humor bekannte Wiener Hofprediger, gab uns den Rat: „Wenn ich bete, so rede ich mit Gott; wenn ich aber gute Bücher lese, so redet Gott mit mir."

Zu beziehen durch jede Buchhandlung oder durch die VERITAS-Buchhandlungen:
A-4010 Linz, Harrachstraße 5
A-1010 Wien, Singerstraße 26
D-8390 Passau, Rindermarkt 4

Ohne Gesundheit ist alles nichts! ...

... meint die Herausgeberin des in unserem Verlag
erschienenen Buches

Besinnlich und heiter: Bewährte Mittel und Kräuter

I. K. Frank

Format 17 x 24 cm, 188 Seiten

VERITAS-VERLAG

Die Autorin hat ihren naturheilkundigen Vater zur Preis-
gabe seines reichen Erfahrungsschatzes bewogen.
Wenn Sie im Alltag Wissenswertes über wirksame Volks-
heilmittel und -kräuter rasch ermitteln, sofort einsetzen
und damit Krankheit sowie Unpäßlichkeit schnell heilen
wollen, bietet sich Ihnen dieses Buch mit einem Stichwort-
verzeichnis als Retter in der Not an.

● **Krankheiten – natürlich geheilt**
  Wertvolle Tips zur Heilung oder Linderung verschieden-
  ster Krankheiten (von Adernverkalkung, Stuhlverstop-
  fung, Schlaflosigkeit, Schnupfen bis zu Zuckerkrank-
  heit)
● **Bewährte Heilkräuter**
  Nützlicher Wegweiser für die richtige Anwendung der
  unterschiedlichsten Heilkräuter (vom Apfelbaum bis
  zum Zinnkraut)
● **Früchte für Ihre Gesundheit – Schlankheitskost**
  Gesund und schlank durch Obst, Gemüse und Beeren
● **Verschiedene Tees und sonstige Ratschläge**
  Praktische Hinweise für Auswahl und Zubereitung von
  Heiltees

Die mit Frohsinn angebotenen Rezepte haben sich schon
seit Generationen bewährt. Wir laden Sie ein, diesen Ratgeber für Ihre Gesundheit zu nutzen.